ハーバード×MIT流

世界最強の交渉術

信頼関係を壊さずに最大の成果を得る6原則

ローレンス・サスキンド［著］
有賀裕子［訳］

ダイヤモンド社

GOOD FOR YOU, GREAT FOR ME
by Lawrence Susskind

Japanese translation published by arrangement with
Lawrence Susskind c/o Levine Greenberg Literary Agency, Inc.
through The English Agency (Japan) Ltd.

訳者はしがき

ハーバード流交渉術がロジャー・フィッシャー、ウィリアム・ユーリー著の同名書籍とともに上陸して三〇年あまり。今やその手法は日本でも広く知れ渡って続々と関連本が登場し、「ウィン・ウィン」という言葉が独り歩きするまでになった。この状況は交渉者にとって、いったい何を意味するのだろうか？

交渉において最初からこちらの手の内を相手に見透かされているのは、望ましい状況とはいえず、致命傷にもなりかねない。ところが、ハーバード流交渉術が一世を風靡したため、まさにこのような事態が決して他人事ではなくなってしまったのだ。そのうえ、どれほど優れた手法であっても、時代の変化とともに多少なりとも改良が必要になるだろう。

このような問題意識から生まれたのが、本書『ハーバード×MIT流　世界最強の交渉術』である。著者ローレンス・サスキンドは、ハーバード・ロースクールを拠点とする大学間コンソーシアム、PON（Program on Negotiation）の創設メンバーとして、ハーバード流交渉術を知り尽す立場にある一方、MIT（マサチューセッツ工科大学）の教授として独自に交渉術の研究、指導にも取り組んできた。さらには、自ら難しい案件の仲裁に当たる実務家でもある。

「ハーバード流」を進化させるのにこれ以上ないほどの知識と経験を備えた人物なのである。

さて、本書の原題は*Good for You, Great for Me*（相手にとって悪くなく、自分にとっては願ってもない）である。つまり、単なるウィン・ウィンに甘んじずに大成功を目指そう、というのだ。元祖「世界最強の交渉術」を超えるという筆者の心意気が感じられると同時に、交渉者にとっても何とも心強いメッセージである。もっとも、本書の内容は交渉者本人だけにとどまらず、上司や指導者、あるいは組織の交渉力強化や交渉者の適正な業績評価に心を砕く経営者や人事責任者にも向けられている。組織全体の交渉力向上にも資する内容なのだ。

このように交渉をあらゆる角度から捉えた本書は、私のように何度も通読した者にとっても、読めば読むほど味が出るというか、毎回必ず新たな気づきをもたらしてくれる。どの部分が最も琴線に触れるかは、読む人の立場や経験によるだろうが、私自身はあえて挙げるなら、予想外の展開への対処法を説いた第3章の「『想定外』を想定せよ」が、難局を打開する秘訣を具体的なエピソードを交えながら軽妙に説いていて、抜群に面白かった。百戦錬磨の交渉者である筆者の面目躍如だろう。本書を手にしたみなさんが、筆者の説く緻密にして大胆な交渉術を体得されたなら、訳者として大きな喜びである。

２０１４年12月

有賀裕子

ハーバード×ＭＩＴ流　世界最強の交渉術　目次

第１章　「交渉の土俵」に相手を引き込むには？
――相手の要求内容や優先順位を変えさせる　17

第2章　もっとパイを大きくすればいい

——付加価値を創造する　57

第3章 「想定外」を想定せよ

——相手よりも多くを手に入れるために、条件提示を行う 111

第4章　交渉相手の勝利宣言を思い描け

——自分にとって最高の条件を、相手に納得してもらう

第5章　交渉にファシリテーションを活用せよ
――自分の立場を守り、合意が崩れないようにする

第6章　組織の交渉力を高める

——常に交渉を有利に進められる企業になるには？　199

エピローグ――次回の交渉で「金星」を狙う　256

プロローグ――湖畔の別荘地で「交渉の余地」を探る

妻のレスリーが浜辺から小走りに戻ってくる。ここはニューハンプシャー州の湖畔に佇む小さな貸別荘。私達夫婦は、この素朴で美しい場所で幼い子ども達と過ごしていた。2週間の休暇を楽しむために、何とか費用を工面してここへやってきたのだった。

レスリーは私に向かってこうまくし立てた。「誰と話をしていたと思う？　ラルフよ。この別荘を売るつもりなんですって。共有名義の息子さんが離婚することになって、別荘を売ってお金に換えたいらしいわ。『ぜひとも買います』と言っておいたからね」

私は一瞬考えてから、「いくらで売るって？」と訊いた。

「さあ……。交渉は夫がするので詳しいことは夫と話してください、って伝えてあるわ」

心臓が早鐘を打った。別荘を買ったら、今より多くの時間をこの湖畔で過ごせるのは確かだが、果たして買えるだろうか。レスリーは何を約束してきたのだろう。別荘を持てたら素晴らしいが、ラルフは売値をいくらに設定するだろう……。手がかりは何もなかった。仮に別荘を購入しても自分達で住まなかった場合、年間でいくらの賃貸収入が得られるか、取らぬ狸の皮算用を試みた。自分達が払った賃借料をもとにざっくり計算したところ、税金や諸経費を引いた後で年に1万5000ドルくらいは実入りがありそうだった。この金額と今の金利水準を参考にすると、大まかに見て、約8万5000ドルまでなら不動産ローンを借りても大丈夫そうだった。

その日の夕方、ラルフと話し合いを持ったのだが、彼は私が袋小路に入っていることに気づいて皮肉っぽい笑いを浮かべていた。「素晴らしい借り手に恵まれて喜んでいます。別荘をとても気に入ってくださっているようですね。レスリーから『購入したい』と聞いて、感激したのですよ」。私は心の中で、レスリーに厄介ごとに引き込まれた、とつぶやいた。

「いくらでの売却をご希望ですか」と思い切って尋ねる。

「ここを手放すのはとても残念です」とラルフ。「7年前にこのあたりの物件が一斉に新規分譲されて以来、売却は1軒もありませんので、適正価格がわかりません。共有地は湖の管理組合のものですから、個々の別荘に実際どれだけの価値があるのか、算定するのは難しいのです。ここを購入すると、建物のほか、湖の9分の1を所有することになります」。こう言うと、ラルフは私の顔をじっと覗き込んだ。

「10万5000ドルでいかがでしょう。妥当な金額だと思いますが。私達と同じくらい大切にしてくださる人に、ここを買っていただきたいのです。ボストンからたった90分で来られますし、きっと頻繁に使うようになりますよ」

ラルフも私も、レスリーが確約に近い意思表示をしたことがわかっていた。私は購入資金を借りる手立てを探さなくてはならなかった。ラルフが有名な雑誌の事業マネジャーを務め、交渉にかけては百戦錬磨であるのに対して、私はひよっこ同然。しかも、地元の不動産代理店に勤めるラルフの奥さんは、レスリーが別荘の賃貸契約をした際の印象では、とてもしっかり者だという。私は罠にはまった気分だったが、心が躍るのも確かだった。誰かに相談するような時間的余裕はなかった。自宅のローンに加えてもう一つローンを組んでも大丈夫だろうか。自宅のローンを借り換えて、2万ドルの頭金を捻出することはできるだろうか……。

「ラルフ、お宅はほかの州に移り住むわけですから、ここにある家具をそのまま残していって、家具付きでさっきの価格にしてもらえませんか？」と水を向けると、「いいですよ」という返事だった（これで1万ドルくらいは浮いた計算になる）。この前進によって、別荘購入が現実味を帯びてきた。おそらく、8万5000ドルのローンを組み、2万ドルの頭金を捻出することができるだろう。それに、家具を買い揃える費用を考えなくて済むのだ。

私の心の中にはずっと、「ラルフは本当に、10万5000ドル（あるいはそれ以下）を落としどころと考えているのだろうか」という疑問がくすぶっていた。残念ながら、答えを探るための質問は一度もしなかった。早く決着をつけようとして、とにかく焦っていた。妻子に交渉の土産話をしなくてはならないラルフの立場についても、想像しようとしなかった。

ラルフが別荘を売る意向をレスリーに明かし、レスリーが購入希望を伝えてから、私達は交渉の土俵に上った。取引の成立にこぎつけるだろうという明るい見通しを持つ理由が、両方の当事者にあったのである。ラルフは、身内、つまり妻子から大きなプレッシャーを受けていたし、私にとっても、湖畔で家族と過ごす日々を思い描くレスリーの様子が重圧となっていた。市場でこの別荘にどれくらいの値段がつくか、私には見当がつかなかった。ただし、もたもたしていたら別の誰かに買われて別荘が私達の手からすり抜けていくのは、火を見るより明らかだった。交渉にあたって、売り手が許容する最安値と買い手が許容する（あるいは負担できる）最高値のあいだに、「交渉の余地」があるという手応えが得られたら、両者は土俵に上ったことになる。

ある意味、これは心の持ち方の問題でもある。両者が交渉成立に楽観的なら、よい結果が得られる可能性は高い。もちろん、互いに対してどう接するかも重要である。もしラルフが、のっけからあまりに無茶な要求をしてきたら、私はレスリーの期待を裏切って交渉を投げ出さざるを得なかっただろう。互いに相手の要望に注意を払わなかったなら、すぐに土俵からはみ出してしまっただろう。このように、交渉は心の持ち方であるばかりか、はっきりと境界線が決まった土俵の上で行うものでもあるのだ。

私は交渉のプレッシャーにうまく対処できなかった。先を急ぎすぎた。交渉のペースを落として、準備をする方法を探すべきだった。ラルフにもっと質問をして、彼にとって許容できる最安値がいくらか、交渉成立に向けてどれくらいのプレッシャーがかかっているか、目星を付けるべきだった。もし私がその場で契約書にサインすると言ったら、ラルフにはあと1万ドル値引きする心積もりがあっただろうか。他方で私は、もし別荘を買い逃したらレスリーをひどく落胆させることがわかっていた。売り物件があるという話が広まったら、たちどころに10組くらいの賃借者が手を挙げるだろう（あるいは私達が購入した暁には、賃借の申し込みをしてくるだろう）。少なくとも、私は自分にそう言い聞かせた。

＊　＊　＊

いったん当事者たちが具体的な条件交渉に入り、くつろいだ雰囲気で合意を目指すと、互いにとって有利な条件で合意する可能性は格段に高まる。合意の余地を生み出してそのなかで交渉を進める意義は、情報を共有しやすい状況を作り、できるかぎり低いコストで利害の一致を実現する点にある。多数の選択肢や取引の可能性を探ったほうが、そうでない場合と比べて、ストレスや失敗のリスクを抑えながら、両者にとってよりよい成果を上げることができる。

残念ながら、せっかく交渉の土俵に上がったのに、私はそれを少しも活かさなかった。ラルフにはどこまで価格を下げる意思があるのか、ただの一度も腹の内を探らなかった。彼は、最初に切り出した10万5000ドルを前提に話を続け、私はそれくらいの金額ならおそらくやり繰りできるだろうと算段していた。家具を込みで売却してもらうという、ささやかなおまけを勝ち取ることもできた。家具は私の好みに合ったし、どちらにしてもよそでは使い道はなかったはずだ。先方は、おそらく短期間で話をまとめようとしていただろうが、私と取引したいという意向を言葉で示すわけではなかった。彼は間違いなく、共有者でもある息子のマークに状況を報告する義務を負っていた。私はマークとも話し合いを持つべきだった。マークなら、売却話をまとめるために値下げに応じたかもしれない。

あれから25年。私達は今も、あの時買った別荘を所有している。子ども達も、夏ごとにここに滞在するのを習慣にしていて、子ども――つまりわたしの孫――にも同じ経験をさせたいと考えている。物件の価値は、私が購入した時と比べて少なくとも3倍にはなっている。あの売買契約は、当時のラルフにとっては悪くない内容だった。私にとっては、長い目で見れば素晴らしいものである。別荘の購入交渉はいくつもの教訓を残した。「相手と自分が、心構えと条件の両面で本格交渉に臨む態勢を整えたなら、交渉を自分にとって飛躍的に有利な条件で進めるチャンスが増えたことになる」というのが、最大の教訓である。言い換えるなら、交渉の余地を探り出すには両当事者に若干の努力が求められるが、ひとたびこれに成功したら、お互いにとって得なウィン・ウィン型の交渉を成立させる可能性が広がるのだ。別荘の購入交渉時にこれに気づいていたらよかったのだが、何はともあれ、今はこうしてみなさんに教訓をお伝えすることができる。

＊　＊　＊

取引の余地は、合意成立の可能性がゼロでないかぎり、ほぼ確実に見つけ出すことができる。そのためには、身内に説明できるように交渉条件を決めて、「相手がどれだけ手強くても自分の側に有利にことを進めよう」と意思を固める必要がある。会心の成果を勝ち取るには、**気持ちを整え、交渉の余地を探り、創造した価値のかなりの部分を自分の取り分として要求する心構え**をしておかなくてはならない。別荘の購入交渉をした時の私には、これができなかった。ちなみにここで述べている手法は、一般家庭が行う小規模な取引にも、数十億ドルもの大金が動く企業間取引にも、同じように当てはまる。

交渉を制するには、以下に示す三つのツボを確実に押さえなくてはならない。

1　身内を満足させる。

2　「公正な扱いを受けた」と、自他ともに納得できる結果を導く。

3　可能なかぎり大きな付加価値を生み出して、相手にとって悪くなく、自分にとって「大成功！」といえる条件で交渉を成立させる。

これら三つはいずれも、ウィン・ウィン型の交渉をめぐる従来の常識からは外れている。ウィン・ウィンという発想が生まれて、協調が競争と同じくらい注目を集めるようになってからというもの、交渉者は自分が創造した付加価値の大半を強く要求することに二の足を踏んでいる。本書は、交渉に堂々と勝利して構わないという主張を掲げる一方、信頼や良好な関係を壊さずに交渉を制する方法を紹介していく。

『ハーバード流交渉術』の問題点とは？

交渉についての考え方や手法は1980年代に大きく変化した。裁判、ビジネス、国際関係、公務など、あらゆる交渉の場面において、「どうすれば相手より優勢に立てるか」から「すべての当事者にとって望ましい結果を相手に受け入れてもらう方法を、どう見つけ出すか」へと焦点が移ったのだ。この変化の本質は、勝者と敗者が生まれる状況（ウィン・ルーズ）を避けて、双方が得をするウィン・ウィンを目指すようになったことだと理解されている。

この変化については非常に多くの思想家や著述家が本や論文を書いているが、中でも特に有名なのは、『ハーバード流交渉術』（原題：*Getting to Yes*）とその著者、ロジャー・フィッシャー、ウィリアム・ユーリー、ブルース・パットンである。彼らが紹介した四つの原則は、交渉経験の豊かな人々のあいだでは非常によく知られている。（1）準備を端折ってはいけない。もし交渉が決裂したら自分に何が残るかを、あらかじめはっきり意識しておくことが、とりわけ重要である。（2）ハッタリや誘導に惑わされず、相手にとっての生命線に注意を払いつづける。（3）交渉のたびに、互いにとって有利な選択肢や条件について知恵を出し合って考える時間を設ける。最終合意を煮詰めるのはそれからである。（4）脅しなどの手段は使わず、理性的な議論や客観的な基準を拠り所としよう。例えば「中立的な専門家は、『私のほうが大きな取り分をもらって当然だ』という主張をどう正当化するだろう」と考えるのだ。今では、経営幹部やマネジャーを対象とした研修産業が花開き、これら4原則を活かしてウィン・ルーズからウィン・ウィンへの移行を果たす方法を、教えている。

この変化を世界中の何百万もの人々が好意的に受け止めた。ただし問題もある。ひとたび、**自分と相手の両方に有利な交渉結果を導くことも可能だと知ると、人々は混乱に陥った**（何百万もの人々が、『ハーバード流交渉術』など、ウィン・ウィン手法を紹介した本に目を通したが、彼らの交渉相手もまたそれらを読んだのである)。互いが得をするウィン・ウィン手法を交渉に取り入れた場合、付加価値をどう分け合えばよいのだろうか。すべてを折半することが想定されているのだろうか。それは公平なやり方だろうか。より大きな付加価値をもたらした交渉者のほうが、多くの分け前を手にすべきではないだろうか。高い交渉力を持つ人は、能力を活かして大きな成果を持ち帰るよう、身内から期待されるのでは。交渉力の高い人が相手に花を持たせすぎた場合、どうそれを説明すればよいのか……。

ウィン・ウィン手法にはもうひとつ問題点があった。多くの交渉者は、過去に競争心を糧に交渉成果を上げていたため、相手との協調を前提とするウィン・ウィン手法を学んでも、競争心を完全には捨て切れなかった。ウィン・ウィンを熱心に目指す人でさえも、素晴らしい成果を得る力を身内に誇示したいという思いを持っており、それは言うまでもなく理に適っている。**自分にとってあまりによい交渉結果を狙うのは、ウィン・ウィンの理念を裏切ることになるのではないか、と悩む人もいる**が、後ろめたさを感じる必要はないだろう。ウィン・ウィン手法を用いながら、自分にとって飛び切り素晴らしい結果を出すことは、十分に可能だと考えられる。

交渉の専門家の多くはこの問題について多くを語らず、付加価値の創造とその要求をめぐる葛藤に注意を払うよう促している。つまり、全員の取り分の最大化と自分の利益の最大化とは両立しない、ということのようである。ただし、この葛藤にどう対処すべきかは、はっきり示されていない。ウィン・ウィン手法で交渉に臨む際にどれくらいの要求をすればよいのかは、曖昧なままなのである。

もし別荘の購入交渉をした時の私に機転があり、「今日のうちに話がまとまるなら、7万ドルまで価格を下げてもよい」というラルフの本音を見抜いていたら、喜んで7万ドルで交渉を成立させて、時価1万ドル相当の家具も頂戴していただろう。当初は10万ドル払ってもよいつもりだったが、そんなことにはこだわらなかったはずだ。仮にラルフが妻子に、「7年前の購入価格の2倍を最低ラインにする」と約束していたなら、7万ドルと10万5000ドルの間が落としどころになっていただろう（後から知ったのだが、ラルフはもともとあの別荘を3万5000ドルで購入していた）。私は、両者の言い値を足して2で割る（8万7500ドルを支払うことにする）とか、相手に言われるままに10万5000ドルを支払うことには、必然性を感じなかった。長い目で見て価値ある取引をしようとしていたからだ。実際、もしラルフにとっての最低ラインが7万ドルだと見抜けたなら、7万ドルを支払って（10万5000ドルとの差し引きで）3万5000ドルの得をすることに迷いはなかっただろう。

私はレスリーにせっつかれて、慌ただしくラルフとの交渉に臨んだため、ウィン・ウィン型の交渉で勝つための手段や戦略を持っていなかった。

本書では、ウィン・ウィン型交渉に関する誤解を解いて、成功への要件を示したい。自分の生み出した付加価値のできるだけ大きな部分を要求できるように、条件の詰めに入る方法を見つけた後の動き方、つまり原則と戦略を六つずつ紹介する。加えて、信頼を損なったり、人間関係を壊したりせずに目的を果たせることも説明したい。六つの原則はどれも、以下のように非常に簡潔である。

原則1　交渉の土俵に相手を導く。
原則2　付加価値を創造する。
原則3　予想外の結果を期待する。
原則4　交渉相手の勝利宣言を書く。
原則5　自分の立場を守る。
原則6　リーダーシップを発揮する。

戦略とは、これらの原則に沿って交渉するための手段を示したものである。

本書はまた、交渉の両当事者の力関係がひどくアンバランスな場合、相手との関係が決して壊してはならないほど重要な場合、文化が異なる場合、相手が怒っている場合、嘘つきが混じっていそうな場合など、特殊な状況下で交渉を乗り切るヒントも紹介していく。

相手にとって悪くなく、自分にとって願ってもないほどの交渉結果を引き出す6つの戦略

1　交渉相手の要求内容や優先順位を変えさせる

ちょっとした手を打つだけで、交渉相手に優先順位を変えさせることができる。相手がはっきりした目標を持たないとか、身内からの種々雑多なメッセージに対処しなくてはならない場合、あなたは、お互いにとって得になるかたちで相手の優先順位見直しを助けることができる。あるいは、相手の心に「自分の身内は何を望んでいるのだろう」という疑問を芽生えさせるのも、ひとつの手である。相手に要求内容を見直してもらい、また、両者にとって得になるように優先順位をじっくり考えてもらうことを、目指すべきだろう。例えば、もしあなたが、どちらも魅力的で自分としても受け入れ可能な二つの提案を同時に示したなら、交渉相手の身内は優先順位をはっきり決めざるを得なくなるはずだ。適切な問いを投げかければ、相手は、こちらにとってより有利な条件を提示しようという気になるだろう。

2 相手にとって悪くなく、自分にとって願ってもないほどの提案をする

価値創造のカギは、相手と自分の両方にとって望ましい取引条件を考え出すことにある。創造する価値が大きければ大きいほど、互いの取り分は多くなる。信頼できる調査からは、たいていの交渉は十分な価値を生み出せずに終わっている。すぐに思いつくような取引条件しか考慮に入れないからである。本書では、相手が断るわけにはいかず、こちらにとっても有利である、そんな取引条件を考えて提案する方法を示す。

3 相手よりも多くを手に入れるために、条件付きの提案をする

どういう場合に交渉を打ち切るべきかを双方が明確に意識している場合、条件の上限と下限をきっちり決めることができる。当然ながら、両者とも自分にとって最も有利な取引を望んでいる。「もし〜なら」という条件付きの提案をすると、状況がどれくらい自分に有利か、感触を摑むことができる。

4 交渉相手に手を貸して、こちらにとって最も望ましい条件を（相手の）身内に対して説得してもらう

交渉相手を敵と見なす人が非常に多いが、実は身内への大切な使者かもしれない。私達にと

って、交渉相手の身内とじかに話をする機会はまずない。しかし、いくつかの簡単なテクニックを使うと、交渉相手に理屈を提供して、自分にとって最適な合意内容を相手の身内に売り込んでもらうことができる。

5　予測できた危機への備えをする

交渉は、合意書や契約書で定めた義務がすべて果たされてはじめて完了する。合意書にサインをした後も、「こんなはずではなかった」という事態はいくらでも起きる。例えば、契約内容を果たすまでのあいだに市況が変わる場合もある。ハーバード大学での私の同僚、マックス・ベイザーマンが明快に説くように、交渉の当事者たちは、合意内容の実現を阻みかねない数々の事態を念頭に置かなくてはならない。どれが起きるかまでは予測できないとしても、起こり得る事態を数え上げるのはそれほど難しくない。だからこそベイザーマンは「予測できた危機」という表現を用いているのだ。このような危機への対策として、紛争の解決法を合意書に盛り込んでおくとよい。本書では、困った事態に遭遇しても合意を守り抜く必要性を踏まえて、具体策を紹介する。

6　ウィン・ウィンを目指した交渉を簡単に制することができるよう、組織の交渉力を高める

交渉は個人対個人とは限らず、組織が交渉の当事者になる場合もある。たいていの交渉者は、自社内から横槍や邪魔が入る恐れがあることを承知している。交渉を終えたら必ず、今後に向けて、合意できそうな条件をうまく見つけてウィン・ウィン型交渉で成果を上げるために、仕事の標準的な手順をどう改めるとよいか、社内の関係者に伝えよう。この手間を省くと、社内のみんなは今後の交渉で思わしい結果を得られなくなるだろう。

第 1 章

「交渉の土俵」に相手を引き込むには？

——相手の要求内容や優先順位を変えさせる

世の中には扱いにくい人が大勢いる。しかも、彼らの千差万別の扱いにくさは、交渉の場ではいっそう際立つ。理屈に合わない主張を押し通そうとする人。あなたよりも大きな影響力を持っていて、躊躇せずにそれを振りかざす人。決して妥協しない人。自分の領分には誰も立ち入らせまいとする人……。こんな人々を仲間として扱って交渉の土俵に引き込み、相手にとって悪くなく、自分にとって快挙といえる合意にこぎつけることなど、本当に可能なのだろうか？

頑固な相手や理不尽な取引先との交渉

仮にあなたが経験豊かなセールス担当者で、これからエンタープライズ社との契約更新の交渉に臨むとしよう。エンタープライズ社とは過去数年にわたって良好な取引関係を保ってきたが、残念ながら、少し前に購買担当責任者がスーからジョーに交替したという（スーは「趣味を極めるために」退職したらしい）。新任のジョーと初会合の約束を取り付けようと電話をすると、少し話しただけで「困ったことになりそうだ」と悪い予感がした。

電話口のジョーは、挨拶もそこそこに「私の仕事のルールを説明しましょう」と切り出した。

「ひとつ、会合は私のオフィスで。ふたつ、会合で話し合う内容と避けたい内容を、こちらからお伝えします。みっつ、受け入れ可能な価格帯もこちらから伝えます。よっつ、合意するまでは文書はいっさい出しません」

あなたは戸惑いながらも「会合場所は御社で結構です」と言い、他の「ルール」に言及するのはひとまず避けた。「会合には、弊社の生産部門と御社の事業部門にも同席を求めるべきではないでしょうか。彼らの利害も汲み取る必要がありますから」

「いいえ。私はそういうやり方はしないので」

あなたは食い下がる。「前任の方は長年、御社の事業部門のトップに同席を求めておられました。そのお蔭ですべてが円滑に進んだのだと思います。会合では価格以外にも話し合うべき点があります。御社特有のニーズに確実に合う部品を納入させていただきたいですし」

「黙って私の言うとおりにしてください」とジョー。

あなたはすっかり面食らった。ジョーは取りつく島もなさそうである。本当に理不尽な考え方をしているのだろうか、それとも交渉を有利に進めるための戦術なのだろうか。自分の役割を狭く捉えているのだろうか。他部門や自社の利害をはっきり意識しているのだろうか……。あなたはどうすればこれらの点について確信を得られるだろう。

交渉で特に厄介なのは、事実、データ、議論などの意義を納得しない人々への対処である。交涉の成果を上げるうえでまったく役に立ちそうにない、不合理な行動や要求に待ったをかけるには、どうすればよいのか。合理的な考え方や行動を促す方法は何か。こういった人々をどうすれば交渉の詰めの段階へと引き込めるのだろう……。以下では、新任の購買責任者のストーリーをとおして、頑固、不合理、あるいはとてもまともではない、と思うような敵と向き合った場合、どのような選択肢があるかを分析する手伝いをしていく。言うまでもなく、この課題の本質と克服法を理解して、相手を具体的な条件の擦り合わせへと誘い込まないかぎり、ウィン・ウィン型の交渉で成果を上げることはできない。

交渉相手は完全に合理的で、あなたが相手の世界観を理解していない場合

最も重要な交渉ルールのひとつは、「相手は合理的だ」という前提に立つことである。交渉には常に偏見を持たずに臨もう。人生経験の違いにより、あなたから見ると不可思議な行動を相手が取る場合もあるから、性急な決め付けを避けて、相手の視点から交渉を眺めてはどうだろう。前出のマックス・ベイザーマン（ハーバード・ビジネス・スクール教授、専門は心理学）が指摘しているように、さまざまな認知バイアスのせいで、同じ状況に対する解釈や反応は人によってまったく異なる可能性がある。

ジョーのような**頑なな相手に遭遇したら、相手の頭の中を想像してみよう。**もしかしたら、会社の方針が改定されて、彼はそれに従って物事を進めようとしているのかもしれない。あるいは、対外的な交渉と社内の交渉を同時併行で進めて、うまくいかなかった経験があるのかもしれない。それとも、同僚からマイナスの評価をされまいかと、神経質になっているのだろうか。

このような不安にはどう対処すればよいだろう。一つめの方法として、新しい交渉相手に、どんな課題を解決しようとしているのか、単刀直入に尋ねてみよう。「部内で何か重圧を受けておられるのでしょうか」と探りを入れるのも一案だろう。「あなたの直面する課題がわかれば、交渉の際にそれを考慮できるかもしれません」。さしあたっての合意内容を資料にして双方の関係者に配布する約束をするなど、ジョーの立場を守るために一役買ってもよいだろう。こうすることで自分には不利益がないが、ジョーにとっては望ましい効果があるかもしれない。

二つめの方法として、ジョーの要求のいくつかを受け入れる一方、もし成果が上がらないと思ったら**交渉を打ち切る権利を確保**してはどうだろう。時には、実りがないと感じながらも交渉を続けざるを得ない場合もあるかもしれない。少なくとも、話し合いが前に進まずにいるなら、それがもっとよい方法を相談する十分な理由になるはずだ。自社の利益に反する合意をしないかぎりは、無意味に思える要求を飲んでも失うものはないだろう。

仮にジョーのオフィスで1対1の面会を持ち、あなたのほうからこう口火を切ったとしよう。「お互いの利害が一致することは明らかです。御社がグローバル競争で優位を保つためには、当社製の部品が必要でしょう。現在と同量ないしそれ以上の注文をいただけるかぎり、当社としてはご提供を続ける所存です。ご存じのように、ご要望に合った製品をご要望の時期に合わせて用意するために、当社では生産システムの調整を欠かすわけにいきません。仮に、毎年一定量あるいは年ごとに増量していく条件で5年間の購入契約を結んでいただけたなら、インフレ見合いの微調整をするだけで、基本的には現行価格を維持できるでしょう。いかがお考えでしょうか」

ジョーは腕組みをしたまま「あり得ないですね」と言う。

「とおっしゃいますと？」

「大幅な値下げをしてもらわないかぎり、取引する意思はないということです。それに当社としては、発注量をその時々で増減できるようにしておく必要があります。契約をいつでもペナルティなしで解除する権利も望みます。それから、御社がもし納期に遅れるようなことがあったら、巨額の違約金を支払ってもらいますよ」

「ちょっと待ってください。……どうにもならない事情で納品が遅れたとしても、違約金を支払えと？　単価の引き下げ？　発注量はその時々で決める？　いったいどういうことでしょう。

御社には最安値で部品をご提供しています。少なくとも発注量は一定にしていただかないと、御社に合わせたサービスのご提供はできません」

「当社と取引を続けたいなら、値下げと納期厳守を実現する方法を探してもらうほかありません。……あのですね、私は社内に契約締結を約束したのです。どうでしょう」

「よろしいですか、御社と弊社は10年近くも足並みを揃えてきました。今回の件も何とか解決しなくてはなりません。あなたの前任者と私は、いつでも手の内をすべて明かし合っていました。それなのに、どういうわけでしょう。何か私の知らない問題でもあるのですか」

「スーとあなたが良好な関係を築いていたのはわかっていますが、状況が変わったのです。値下げが必要です。リスクの低減や融通性の確保も必要です。それがルールなのです。契約しますか、それともやめますか？」。ジョーは、してやったりとでも言いたげにニヤリとした。

交渉相手はきわめて合理的だが、厳しい駆け引きの一環として不合理に見える態度を取っている場合

もしかしたらジョーは、あなたから何かを引き出せないかと考え、押しの一手を使っているのかもしれない。あなたが押し返さなければ、さらに要求を強めてくるだろう。この作戦は、特に過去にこれで成功して味を占めた人にとっては、不合理ではないのである。

本書で紹介する交渉の黄金律は、自分がこうしてほしいと思うやり方で相手に接する、というものだ。交渉理論では、**立場ではなく利害に焦点を当てる、できもしない約束はしない、「もし〜したら」という質問を重視する、客観的な基準にこだわる、強制力の強い合意を目指す、**などのアドバイスがなされる。このアドバイスでは、「これ以上は後に引かない」という意思を明確に示すのは構わないとされる。ジョーに「もっと柔軟に考えていただけないなら、話し合いを切り上げましょう」と伝えてもよいのである。「今より安い価格でよりよい製品とサービスを提供できる企業など、どこにもないはずです。それでも探すとおっしゃるなら、どうぞご自由になさってください。その後、よろしければまた私にお声をかけてください」

効果的な手法に倣ったのに、厄介な相手に合理的な行動を取らせることができなかった……そんな時にも落胆しないでほしい。戦術はほかにいくつもある。まず、自分が状況を正しく解釈しているかどうかを確かめるために、**互いの同僚を同席させる**ことを強く主張しよう。加えて、**話し合いの内容を書き留めて、毎回必ず関係者に配布する**とよい。こうすると、厄介な交渉相手に周囲の目を意識させることができる。次に、**自分の利害にぴったりで相手の利害にもかなりの程度まで一致するような提案**を、いくつも出そう。たとえ合意にいたらなくても、提案は記録に残る。なお、**相手をなだめるためだけに一方的に譲歩することは、絶対にしてはならない。**相手の非生産的な主張を助長するだけである。

ジョーは、無理難題を突き付けるにも限度があると悟ったなら、要求をかなり和らげるだろう。「素晴らしい仕事をしてもらっているのは承知しています。ですが、改善の余地は常にあるはずですよね。契約条件を少しばかり見直してもらえませんか」などと。

交渉相手が本当に理不尽な場合

この場合、通常の話し合いのルールはいっさい当てはまらない。仮にあなたが、本書でこれまでに紹介してきた戦略をすべて試したが、実りがなかったとしよう。ジョーは、互いの利益になる提案に耳を貸さず、自社にとって得になる話にも納得しない。こうなるとあなたは、「何が何でも譲歩するものか」と考えるような、理不尽きわまりない相手と交渉していると確信する。こんな場合はどうすればよいのだろう。

手始めに、合意案をいくつか書き出して、**交渉打ち切りの期日**を定めよう。提案の根拠となる事実や理屈をすべて列挙し、その提案が双方の利益になる理由も書き添えよう。ハードルは高いかもしれないが、この資料を交渉相手の上司のもとに届ける努力をしよう。

もしジョーが、1対1の場で交渉を前進させるのを拒み、合理的な提案に対して返事をせず、他者の同席を渋るなら、交渉をこれ以上続ける理由はないだろう。これまでの発言から、ジョーは強硬姿勢で交渉に臨むことそのものに血道を上げていると判断できる。あなたは互いの利益になる提案をいくつも出したのに、袋小路に入ったままである。交渉を打ち切って、ジョーが不意に前言を撤回して折れないか、様子を見る潮時である（強気で押してくる交渉相手は、強行突破が無理だとみると譲歩する場合がある）。

まとめ

相手に理屈が通じそうもないと思ったら

- 相手の不合理な振る舞いに合わせてはならない
- 相手を説得したいからといって、一方的に譲歩してはならない
- 苛立ちのあまり冷静さを失っては元も子もない
- 自分の利益を守ることに重点を置く
- 交渉には毎回、慎重に準備をしたうえで臨む
- 交渉の要旨を毎回欠かさず記録に残す
- 引き際をわきまえる

私自身は、相手の振る舞いを不合理だと感じても、たいていはこちらの思い込みや勘違いだと自分に言い聞かせている。これまでの経験によればむしろ、相手は強気で押してこちらの気勢を削ぎ、自己利益を増進させようとしている可能性が高い。つまり、不合理なのではなく単なる交渉下手だというわけだ。結局のところ、不合理に見える相手との交渉も他の人々との交渉と大きな違いはない。どちらにしても、交渉の余地を生み出して素晴らしい合意にこぎつけることが大切である。相手の要求内容や優先順位を変えさせるには、相手が身内を説得しやすい状況を作るのが唯一の方法かもしれない。

不合理な交渉態度を身に付けてしまった相手に対処するには、事実を突き付けるか、可能なら一緒に事実を探り出すのが、最善の方法である場合も考えられる。

まずは事実を探り当てよう

よくある状況を考えてみたい。コンピュータ・チップの主力メーカー、アナコンダ・カンパニー（架空企業、以下「アナコンダ」とする）は、ある大都市のはずれに新工場を建設する意向を持っている。周辺住民と規制当局からは、工場を新設しても汚染の拡大や不動産価格の下落が起きる恐れはないことを証明するよう求められている。これに対処するために、アナコンダの経営陣はコンサルタントを雇い、「工場が近隣地域に及ぼす悪影響は、仮にあったとしても軽微なものである」とする主張を裏付ける報告書を作成した。加えてコンサルタントは、地元経済に与える好ましい影響、特に雇用創出効果が生じる見通しを指摘した。片や、健康被害や不動産価格の下落による損失を恐れる周辺住民も、独自にコンサルタントを雇い、その結果、「工場は水質汚染、交通渋滞、地域インフラへのダメージなど、いくつもの脅威をもたらすだろう」という報告がなされた。

その後に行われた直接交渉では、アナコンダは住民側の報告を真剣に検討せず、自社が委託した追加報告の中身を公表した。これに対して住民側の専門家は、工場新設に伴うリスクについてはさらなる調査が必要であり、着工は遅らせるべきだと主張。両者の言い分は平行線を辿り、互いにとって得になる解決策を編み出すどころではなさそうだった。

このようなお決まりの混乱は、どうすれば収拾できるのだろうか。ハーバード大学教授で科学史と物理学を専門とするピーター・ギャリソンは、交渉の余地を**「発想や方法論の対立を和らげて、同じ見解に辿り着くための場」**と定義している。そのうえで、関連領域の科学者たちが共通の言葉を見つけ、意見を出し合って問題の解決を図る方法をいくつも紹介している。

しかし、アナコンダと周辺住民とのやり合いでは、多くの交渉と同じく、事実や予測をめぐって見方が対立しているため、交渉の余地を探る努力ができずにいる。交渉者はえてして専門知識に欠けるせいで、当てになりそうな解決策を見つけたり、疑問に答えたりすることができない。「工場新設のような行動は主立った関係者にどう影響を与えるのか」「想定される影響を強める、あるいは弱めるには、どのような方法があるか」などの質問にお手上げなのである。交渉に関わる全員が理解し受け入れるような答えが示されないかぎり、袋小路から抜け出せないだろう。

案の定、袋小路に入り込んでしまった場合、新たな展開があるとすれば、たいていは裁判である。最悪の場合、両当事者がそれぞれの「助っ人」を隠れ蓑にして果てしなく泥仕合を続け、ことあるごとにマスコミに情報をリークするといった状態になる。このように、特定の主張を弁護するために科学を引き合いに出すことは、「敵対的科学」と呼ばれる場合が多い。一般の人々の視点に立てば、自分の主張を押し通すために科学者を利用できるなら、そもそも科学など考慮に入れる必要などないと言えるだろう。「科学や技術はどれも信頼に足らないからすべて無視する」と決める場合もある。これでは、誰の利益にもならないどころか、逆効果で危険な議論につながる可能性が高い。

対立する両当事者が一緒に境界線を決める

以上のような対立については、避けられないという意見もあるかもしれない。しかし、私は両当事者が力を合わせようとする多様な場面に何度も立ち会ってきた経験から、「避けられる」と確信している。例えば、大がかりな建設プロジェクトや工場閉鎖に賛成、反対、両方のグループが歩調を合わせ、想定される影響について共同で調査を行ったことがある。こうして、着工や閉鎖を進めるかどうか、進めるならどのような方法がよいか、悪影響を被る人々にどう補償を行うか、決断が下された。

アナコンダと周辺住民の対立のような事例で、大きな苦労をせずに交渉の余地を見つける近道は何だろうか。私がさまざまな交渉場面で何度も効果を実感したのが、**双方が共同で事実を調べる**というやり方である。利害、価値観、視点の異なる当事者達の距離を縮め、協力していくつもの段階を踏みながら事実を明らかにするのだ。情報をどう収集、分析、解釈するか、意見の擦り合わせを行うと、以後の交渉に向けた下地づくりになる。共同で事実を探る努力は、双方の利益を最大化するうえでも役立つほか、意見の食い違い、なかでも専門性の高い案件をめぐる見解の相違を解消するのに効果を発揮することがわかっている。おのおのが自分達のためにできるかぎりの努力をしながら、交渉の余地を切り開いていく。全員が交渉成果を手に入れようとすることによって、自分達と相手方、両方の利益を同時に満たす可能性が高まる。

カギを握るのは中立的な立場の専門家による助言である。全員が信頼する専門家からの助言がないと、双方とも自分達の利害に気を取られすぎて、正しい方向に進めなくなってしまう。

共同で事実を探り出す取り組みは、通常は以下のような手順を踏む。

対話のテーマを決める

互いに相手の主張には根拠がないと考えているなら、まずは、どのような質問や話題を交渉議題に含めるかについて合意しなくてはならない。アナコンダと周辺住民が製造工場の立地をめぐって交渉する場合は、環境や地域経済への影響に関する疑問点が何か、共通の理解に辿り着くことが欠かせない。疑問点のリストが出来上がると、仮に必要とされる手法や分析をじっくり検討しないにしても、たいていは情報収集が始まる。当初の食い違いを解消するには、**全員にとって受け入れ可能な基本原則**を定めるとよい。

基本原則を設ける何より手軽な方法は、**適切な専門知識を持った仲裁者**など信頼できる人物に頼み、基本原則の案を煮詰めて双方の合意を引き出してもらうことである。基本原則においては、実のある対話をするうえで不可欠な専門知識や資料を全員に行き渡らせるか、あるいは少なくとも、望ましい指導が受けられるようにすることを明記しなくてはならない。

データの収集と分析にどれだけの時間と費用をかけるか、基本原則に盛り込んでおくと便利である。秘密の保持や利害の明確化を謳ってもよいだろう。

専門アドバイザーを共同で選ぶ

基本原則と事実確認課題について合意が成立したら、アナコンダと周辺住民は必要な答えを見つけ出すために、専門アドバイザーを選び、分析手法を決める準備が整ったことになる。それぞれが独自にアドバイザーを選任した場合、専門情報に矛盾が生じ、アドバイザー同士が争うという、有りがちな状況に陥る恐れが大きい。それよりは、手を取り合って**中立的なアドバイザー**を選ぶほうが有益である（協力して事実を探り出すやり方には、調査コストを折半できるという利点もある）。

もっとも、アドバイザー探しを共同で行うと、往々にして哲学の違いが表面化する。アナコンダは、工場新設が地元に経済的メリットをもたらす点を示したいがために、エコノミストを雇うことに固執するかもしれない。対する周辺住民は、環境への悪影響を見極める狙いでその分野の専門家を推すと考えられる。こうして、いくつもの分野に対応できるよう複数の専門家を雇う案が落とし所となる。多くの人にとっては意外なようだが、どの分野にも専門家がいて、他分野の専門家との協働を快く引き受けてくれる。

適切な分析手法の目星を付ける

アドバイザー全員に**基本原則の遵守**を求めるのを忘れてはならない。課題と向き合ううえでの前提も明確にしてもらう必要がある。工場新設の事例では、アドバイザーは専門分野が何であろうと、どこまでの地理的範囲を分析対象にするかを具体的に示すことが欠かせない。自然科学分野のアドバイザーは生態系を幅広く観察しようとするかもしれないし、経済を専門とする人は関係する自治体だけに範囲を絞ろうとするのではないだろうか。どのような調査が必要であるにせよ、地理的範囲を決めないかぎり、共同で結論を導くのは不可能である。時間軸もはっきりさせないと、各人の分析がちぐはぐになってしまう。加えて、不確実性の度合いを明確にする責任も引き受けてもらうべきである。一例として、工場新設が水質に与える影響を予測するにあたっては、新しい水処理施設の故障や誤操作の確率をどう見るかが焦点となる。リスク管理についての前提しだいで危険性の予測には大幅な開きが生じる。

アドバイザーが交渉当事者や他のアナリストとの意思疎通に苦慮しているなら、共同で事実を探り出す作業を前に進めるために、それ相応の専門知識を持った仲裁者を立てる必要があるかもしれない。

役割と責任をはっきりさせる

社内の交渉にせよ、より開かれた場での交渉にせよ、共同で事実を探り出す作業が完了するまでのあいだ、**双方の交渉者全員が専門アドバイザーと頻繁に会う必要がある。**専門アドバイザー、交渉当事者、双方の利害関係者のあいだの風通しが悪いと、この作業は失敗に終わるだろう。

双方の合意によって選ばれた専門アドバイザーは、それぞれの分野の第一人者かもしれないが、それでも、利害関係者しか知り得ない事柄も数多い。結局のところ、どう行動するかを決めるのは両当事者なのである。だからこそ、彼らはアドバイザーと誠実に付き合うだけでなく、自分自身で結論を引き出す責任を負うのである。

途中段階でわかったことを一緒に検討する

アナコンダと周辺住民は、共同で選任した専門アドバイザーからデータや分析結果が提出された場合、膝を交えてその中身を検討することが重要である。アドバイザーはさまざまな行動を提案し、おのおのの利点と欠点を指摘してくれるだろうが、判断は交渉の当事者が下すべきである。アドバイザーに望まれるのは、カギとなる前提しだいで、データや分析結果がどれくらいブレるかを説明して、交渉当事者の理解を促すことである。工場新設にはほとんどリスクがないという見解を示す場合は、その意味をはっきり述べる必要があるのだ。その一つの方法として、たいていの人が日常生活のなかで受け入れているリスクと比較するとよいだろう。このほか、不測の事態が起きた際に、悪影響を和らげる方策をすぐさまとるなど、どういった対応を想定しているのか、はっきりさせる必要がある。

アナコンダと周辺住民は、データや分析結果についての質問をアドバイザーに投げかけることにより、共同で事実を探り出す作業が疑問の解消に役立っているという確証を、互いに得るのである。最初に提出された情報をきっかけに、第二弾の疑問が湧き上がってくる可能性が高いため、両当事者ともアドバイザーに残りの仕事を依頼するのをためらうべきではない。じかに何度も会って意見を交わすのは、時間や費用の面で厳しいかもしれないが、**複数のシナリオを一緒に検討する**ことは交渉の土俵を見つけ出すうえで欠かせない。

アドバイザーは、調査結果の報告を終えた後も中立的な立場を保たなくてはならない。このため、調査結果をもとに具体的な行動を推奨することは、厳に慎しむべきである。

結果をうまくコミュニケーションする

交渉当事者の背後には、往々にして多数の利害関係者が控えている。会社と周辺地域、どちらの代弁者に対しても、高度に専門的な分析内容を独力で利害関係者に説明するよう期待するのは、無理というものである。むしろ、専門アドバイザーが双方の利害関係者に、共同での事実調査の結果を説明するか、利害関係者への情報提供を目的としたウェブサイトを設けるとよい。

まとめ

交渉の両当事者が協力して事実を探り出すための秘訣

- 対話のテーマを決める
- 専門アドバイザーを共同で選ぶ
- 適切な分析手法の目星を付ける
- 役割と責任をはっきりさせる
- 途中段階でわかったことを一緒に検討する
- 結果をうまくコミュニケーションする

事実調査の結果への対応

次のステップで重要なのは、事実調査の結果への対応である。「適切な質問を投げかけ、アドバイザーから満足のいく返答を得た」と、すべての関係者が納得したとしても、考えを行動に移そうとする際には、交渉当事者の利害の違いが必ず影を落とす。交渉の土俵に上がってうまく話を進める前に、利害の対立のせいで立場によって同一データの解釈が異なるという事実と、向き合わなくてはならない。

アナコンダと周辺住民も、同一のデータを手にしたからといって、次に取るべき行動について意見が一致するとは限らない。それでも、事実と予測について合意ができていれば、専門的な問題が無視される恐れはないはずである。リスクや影響に関する事実や予測結果から、所属する組織や集団の指示が誤った前提にもとづいているようだと判明した場合、交渉者は面目を失わずに、新たな指示や利害関係の明確化を求めることができる。交渉相手と共同で事実を探り出すと、専門性の高い偏りのないアドバイスを入手したというお墨付きになる。効果的に交渉条件の詰めを行うための貴重なアドバイスを得たことになるのだ。

さて、ここまで説明してきた共同での事実調査と、ウィン・ウィン型交渉を成功へ導くための第一歩との関係について考えたい。自分達に有利に働くよう、交渉相手に使命や優先順位の見直しをしてもらうことを狙うなら、信頼できる共同調査から得られた結果を活かせばよい。

仮に私がアナコンダを代表して交渉に当たっていて、相手方の弁護士による妨害工作に遭っているとしよう。私はずっと、コンピュータ・チップ工場の新設に伴うリスクは極めて小さいと主張してきたが、不安を抱く周辺住民からは疑いの目を向けられていることも知っている。アナコンダ、地域社会、国と地方の規制当局の合意のもとで中立的な専門家を迎えて、相手方と共同で事実調査を実施することで話がまとまったなら、リスク評価をとおして私の主張の正しさがおおむね証明されるはずだ。共同事実調査の結果を周辺住民が受け入れてくれたなら、アナコンダは先方にとって有益な約束をする意向を持っている。そこで住民側の弁護士に、調査結果を住民に示して、共同調査委員会のメンバーとの会合に臨むよう説得してもらうのも一案である。そうすれば、具体的な取引材料をもとに交渉を進められるだろう。

条件の詰めに入る方法が見つからないかぎり、ウィン・ウィン型交渉を制することはできない。共同の事実調査はその突破口を開いてくれる。調査結果をうまく使えば、相手の要求は広い視野に立っていない、利益を手にする方法を狭く捉えすぎている、それどころか利益についての見方が誤っている、といった指摘ができる。交渉相手に対して、**「何が自分達の本当の利益か問い直そう」**と仲間に呼びかけるよう、求めるとよい。厄介な相手を条件交渉に引き込むにはどうすればよいか、さらに別の事例も紹介したい。

市場に君臨する巨大企業との交渉

あなたは、市場に君臨する巨大企業との交渉に臨み、相手の要求を飲まなければ事業を続けられない状況に追い込まれた経験はあるだろうか。以下では、自分達の交渉カードを増やし、強大な相手と条件の詰めを行い、ウィン・ウィン型交渉を制する方法を示す。

最近では多くの業界が1、2の企業に牛耳られているようだ。低価格路線をとるスーパーマーケット業界にせよ、従来型のソフトウェア業界にせよ、この状況に変わりはない。巨大企業との交渉にあたっては、不利な条件を飲むか、それを拒否して市場から追い出されるか、どちらかしか選択肢がないように見える。

デジタルカメラが普及する以前、「1時間仕上げ」を売りにした現像サービスがあった時代には、世界規模のディスカウントチェーン、スーパーマートは、全米の店舗にピクチャークイックという写真現像コーナーを設置していた。この提携は両社に利益をもたらしていたが、スーパーマートからピクチャークイックに、「すべての現像コーナーを対象に、契約条件の一括見直しを行う」と突然の通告がなされた。ピクチャークイックは、競合他社がスーパーマートに有利な条件を提示する準備を整えているのだろう、と察した。もし何千もの現像コーナーでの営業権を他社に奪われたら、ピクチャークイックにとっては大打撃である。スーパーマートはほどなく、「他社から好条件での契約話が寄せられています。御社が契約を継続したいなら、売上ロイヤルティと販売スペースの賃料をそれぞれ10％引き上げる、という条件を飲んでいただきたい。どうしますか？」と打診してきた。さて、どうしたものか。

ピクチャークイックの経営陣にとっては、相手の要求をそのまま飲む以外、どのような選択肢があるだろう。要求を受け入れてコストに大鉈を振るう案もあるかもしれないが、現実的な選択肢とはいえない。かといって、スーパーマート内の現像コーナーをすべて閉鎖すれば、最大の顧客層を失い、経営破綻の危機に瀕しかねない。

弱い立場の交渉者は、付け入る隙のまったくなさそうな強者を前にどう立ち回るべきだろうか。スーパーマートのような巨大企業をいかにして条件交渉に引っ張り込むのか。巨大な相手との交渉を有利に運ぶための戦略は3種類ある。

■力関係を逆転させる策を編み出す

強大な相手から、とうてい納得のいかない取引条件を提示された場合、力関係を逆転させるために、切り札を探るとよい。**相手の示した条件以上に両者にとって有利な対案**を、考え出すのである。切り札は、一方の持つ十分に活用されていない経営資源を双方の利益になるよう使う、という趣旨のものが多い。これには多大な時間、費用、努力が必要となり、簡単に実現するようなものではない。

強大な相手との交渉において切り札を編み出すには、どうすればよいのだろう。第一に、自分達の立場を強くするために、**事業戦略の変更**を検討してはどうか。具体的には、現状の契約条件のもとで収益性が向上するよう、コスト削減策を探るのである。ピクチャークイックの例に当てはめると、スーパーマートが掲げる収益要件を満たしながら、自社の年間利益を押し上げることになる。オンライン・アルバム作成用のソフトウェアを販売するなど、商品やサービスを拡充するのも一案だろう。あるいは、アルバムやマウスパッドに画像をプリントする会社など、現像サービスと関連の深い商品やサービスを扱う会社とタッグを組む手もある。こうすれば、スーパーマートの要求に応えて売上を10％押し上げ、なおかつ自社の増益も達成できるかもしれない。

切り札を考案するためには、第二に、**相手の新たな利益機会を探し出す**とよい。例えばピクチャークイックは、スーパーマートが対象にすべき新規顧客層を掘り起こすとよい。スーパーマートの従来の取扱商品のうち、収益率が低下傾向にあるのはどれか。どの地域でライバルに打ち負かされているか……。これらの情報を手に入れれば、スーパーマートの抱える問題の解決を助けることができるかもしれない。あるいは、コンピュータ・ゲームを現像コーナーで販売することによって、ティーンエイジャーという新規の顧客層を呼び込むのに貢献する、という取引も有り得るだろう。「スーパーマートの目立つ売り場に商品を置いてもらえるなら」と言って、ピクチャークイックと組んでスーパーマート向けの魅力的な提案を考えてくれる企業もあるかもしれない。多様な提案を用意して強大な相手との力関係を逆転させ、交渉を仕切り直しへと持ち込むのも夢ではない。

第三に、**強大な交渉相手のために付加価値を生み出す方法**を検討しよう。ピクチャークイックの例では、出来上がった写真を顧客に渡す際に自社専用の封筒に入れる代わりに、スーパーマートのロゴの入った封筒を共同制作して使ってはどうだろう。お渡しの際に必ずスーパーマートのクーポンを添えるとか、写真の裏面にスーパーマートのロゴを入れる案もあるだろう。共同のブランディングや新しい広告手法をとおして両社の提携に付加価値を添え、スーパーマートに対して、他社に乗り換えるよりも自社との契約を継続したほうが得であることをアピールするのだ。

■理念に訴えかける

力関係で優位にある交渉当事者が金銭面で強硬な姿勢を示した場合、交渉の行方はもっぱら金銭しだいだと考えがちである。しかし、実は意外にも、一方あるいは両方の当事者にとって、他にもっと重要な事柄がある場合が少なくない。交渉相手に問いを投げかけると、それが何であるかが見えてくる。**相手の理念がわかれば、問題解決のための話し合いを優位に進められる。**

秘訣は、相手が何を成功の基準に据えているのかを見極めて、どうすればその目標達成を自分達にとって最もコストのかからない形で支援できるか、考えることである。ビジネスの交渉で相手の信条に訴えかける方法を、以下にいくつか示す。

「これまで互いの利益になる良好な関係を保ってきました。最初の頃は、問題点を解消するのに少し時間がかかりましたね。提携先を他社に切り替えると、信頼関係を失うことになるでしょう。いつでも安心して仕事を任せられるとはかぎらない相手と、ゼロから取引関係を築くのは、危険だとお思いになりませんか？」

「私どもは、このビジネスを誰よりも熟知しています。同じサービスを当社よりも安く提供する企業があったなら、受注するために本来は有り得ない安値を提示しているのです。そんな価格では質のよいサービスを提供できるはずがないので、多くのお客さまから不満が出るでしょう。御社にとってサービスの質はどれくらいの重みを持つのでしょうか?」

「御社とはとても良好な関係にあると考えております。御社の一部店舗は開店時期が予定より遅れましたが、私どもは何も言わずに開店を待ちました。このような柔軟性と忠誠心を評価していただけませんか?」

ピクチャークイックはスーパーマートに対して、「売上ロイヤルティを10%引き上げる理由を教えていただけますか。全テナントに同様の値上げを求めているのですか。もし一部のテナントだけが対象であるなら、当社を値上げ対象にするのは公平なのでしょうか」という、**公平性にまつわる訴え**をしてはどうだろう。こうすると、全テナントを対象とした要求条件が何であるかを突き止めることができる。もし、全テナントを対象に売り場面積当たりのロイヤルティを引き上げた、という回答があったなら、ピクチャークイックは自社の運営する写真現像コーナーの面積を10%狭くする案を示せばよい。

ことによっては、「嫌なら立ち退いてください。代わりのテナントはいくらでも見つかりますから」という返事があるかもしれない。しかし、物のわかった経営者なら、目先の増益だけでなく、確かな信頼関係と顧客満足に力点を置く重要性に気づくはずである。

言うまでもなく、こうした訴えはキーパーソンに向けて行わなくては意味がない。最も有利な取引先を見つける使命を負う中間管理職は、適切な相手とはいえないだろう。**強大な企業と付き合う際には必ず、取引開始から一貫して、先方の経営幹部との関係を深めていくとよい。**契約条件の見直しを迫られてからでは、親しくなるための時間も機会もないだろう。

■競合他社と戦略的に提携する

一般に最も望ましいのは、これまでに紹介した二つの戦略である。市場をいっさい失わずにすむからだ。だが、それらの戦略が単独ではうまくいかない場合に備えて、あらかじめ第三の戦略を探っておくとよい。

交渉相手よりも弱い立場にある場合、自社を差し置いて他社に好条件を持ちかけられるのを防ぐために、戦略的提携によって影響力を強めるとよい。交渉に関して述べるなら、自社に有利な選択肢を増やすだけでなく、**競合他社を味方につけて強大な交渉相手の立場を弱める**ことを目指すべきなのである。

仮にピクチャークイックが、現在の契約期間が切れる1年くらい前にすでに、スーパーマートから強気の更改条件を持ちかけられることを予想していたとしよう。この場合、どの会社が競合相手になるかは容易に想像がついたはずである。競合他社にとっては、たとえ当初は採算ラインに乗らなかったとしても、スーパーマートとテナント契約を締結できれば大きな前進だろう。ピクチャークイックに代わってスーパーマート店内に写真現像コーナーを展開したなら、全米での市場シェアが10％から50％にまで跳ね上がるかもしれない。

ここで、スーパーマートが他国での勢力拡大を模索しており、そのことをピクチャークイックが知っていたと仮定したい。この場合、ピクチャークイックには、競合相手の最右翼であるフォトタイムに近づいて、自社がすでに足場を築いた国においてスーパーマートと契約できるよう、共同戦線を持ちかける手がある。フォトタイムにとってこれは、市場シェアの拡大が約束されたも同然の意味を持つ。ピクチャークイックとしては、これによって最大のライバルとの正面衝突を避け、スーパーマートとの取引を完全に打ち切られる恐れを小さくする狙いがある。

もう一つ、最大のライバルを出し抜いて、後続のライバルと手を組むという選択肢もある。つまり、業界リーダーであるピクチャークイックが、フォトタイムを蚊帳の外に置いて、業界第3位または第4位と組んでスーパーマートとの契約獲得を目指すのだ。あるいはさらに下位の同業他社とタッグを組んだとしても、いずれにせよ、フォトタイム単独の場合よりもよい契約条件をスーパーマートに提示できるはずである。ピクチャークイックは、スーパーマートの新規店舗に在庫を供給したり、事業拡大を指揮するマネジャーや他国の従業員に研修をほどこしたりする役割を担うだろう。フォトタイムは、スーパーマートの既存店舗での事業を軌道に乗せるだけで精一杯だろう。

他社と提携すると相乗効果を発揮できる。このため、ピクチャークイックとスーパーマートにとって**望ましい進出先市場で事業パートナーを見つける**のは、理想的な解決策となり得る。これによってピクチャークイックは自社の市場をほとんど失わずにすむし、提携相手は拡大する海外市場でシェアを伸ばせるだろう。

ご想像どおり、業界の雄は自社の強さに自信を持っているため、対案に耳を貸さない場合も多い。そうなると、両者にメリットのある形で交渉をまとめるのは不可能である。巨大企業は、長期的な利益をすべて実現しようとすることの意義を理解せず、交渉を、自社の強さを誇示して弱い敵を打ち負かすチャンスと見なすかもしれない。そのような場合には、巨大企業のトップ、つまり地域のセールスマネジャーではなく経営幹部を探し出して、既存契約よりも気の利いた提案をするのが最善の対応だろう。信頼性や忠誠心など大切なものを引き合いに出して、それらをどう守るのかを問いかけてもよいだろう。

まとめ

強大な相手と交渉する秘訣

- 力関係を逆転させる切り札を探す
- 理念に訴えかける
- ライバル企業と戦略的に手を組む

「よそへ行ってくれ症候群」を乗り越える

ケープウィンド・プロジェクトの支援者たちは10年以上も前から、アメリカ初の沖合い風力発電所の建設を目指してきた。しかし、小規模ながらも資金力のある反対派が、ことあるごとに断固としてこれを阻止しようとしてきた。ある時ナショナル・パブリック・ラジオの番組が、再生エネルギー施設への反対運動の高まりを取り上げ、風力発電の推進派に対して、地元の反対運動——通称「よそへ行ってくれ症候群」——を今後どう乗り越えるつもりかと問いかけた。すると代表者は、「早期に進出して、人々の理解を得なくては」と述べた。とんでもない意見である。何と傲慢なのだろう。理解していないから反対すると思っているのか？　反対しているのは、メリットよりも費用と悪影響のほうが大きいからである。どのような施設にせよ、「よそへ行ってくれ症候群」を乗り越えるただひとつの方法は、地元民の圧倒的多数に、**施設ができた場合の費用と悪影響を考慮してもなおメリットのほうが大きい**と、納得してもらうことである。

大がかりな建設プロジェクトはほぼ例外なく、賛同者のごく一部、おそらく10%に満たない人々の手で始められる。彼らはたいてい、建設用に土地を売却するなどして利益を手にする可能性の高い人々である。ジョージア工科大学のマイク・エリオット教授が何年か前に示したように、反対運動もまたごく少数の人々によって起こされる。彼らは一般に、建設予定地の近隣に住んでいるなど、莫大な負担を強いられる立場にある。どの地域社会にも、何事にもいたって無関心な人々も10%くらいはいるが、60〜65%を占める大半の人々は、エリオットによる分類では「加勢者」に属する。ケープウィンドのような建設プロジェクトをめぐる論争の行方を決めるのは、彼らの行動である。

加勢者タイプの人々については、エリオットの功績により、二つのことがわかっている。一つめとして、プロジェクトを認めるのは**不当だと考えた場合**は反対運動に加わる。二つめに、

自分にとっての損得をもとに態度を決めようとする。公開の場で専門家やプロジェクト推進派に質疑応答をして問題解決の糸口を探るなど、信頼できる情報が提供されればよいが、そうでない場合、彼らは反対派に加わる。加勢者タイプのこの二つの特徴を見過ごすと、「よそへ行ってくれ症候群」の広がりを招いてしまう。

ナショナル・パブリック・ラジオに登場した風力発電推進派の代表者を思い起こしてほしい。仮に推進派が、再生エネルギー施設の必要性を市民に訴えるために、自分達に都合のよい情報だけを提供するか、悪影響はいっさいないと信じ込ませようとすると、間違いなく裏目に出る。私がお勧めする手法はこれとは違い、互いに大きく異なる三つのアイデアを強く打ち出す。

アイデア１　一方的な「啓蒙」努力をするのではなく、反対派と共同で事実を探る。
アイデア２　関係者全員で仲裁者を選び、合意形成を助けてもらう。
アイデア３　損害に対する補償を約束し、近隣住民を悪影響から守る。

環境調査のほとんどは、推進派による建設がほぼ決まってから実施される。このためデータや予測はことごとく、「既定路線を正当化するプロパガンダ以外の何物でもない」として反対派から無視されがちである。「加勢者」が反対派に付くのはまさにこのような理由による場合が多い。マサチューセッツ州のケープウィンド・プロジェクトについては、エネルギー関連施設に対するものとしてはおそらくアメリカ史上最大級の規制調査が行われ、そのせいで過去10年間のほとんどが失われた。にもかかわらず、推進派が示す証拠は反対派によって端から論破された。施設建設による影響に関する調査結果が明らかになるずっと以前に、誰もが賛成・反対の立場を決めていた。正式な規制審査が行われる頃には、あらゆる立場の人々を一堂に集めて対話集会をすることなど不可能になっていた。

他方、メイン州は別のやり方を選んだ。具体的なプロジェクトが提案される前に、洋上風力発電の候補地すべてを調査して、技術、経済、景観の面で最も望ましそうな候補地を公表したのである。これによって、発電施設の建設をどこでどう行うべきかがはるかに見極めやすくなった。

アメリカでは、政府や自治体の政策に市民が関与する場合、たいていは茶番である。公聴会や市民集会は、反対派、推進派がそれぞれ手短に意見を述べるちょっとした機会にすぎず、説得効果はいっさい期待できない。すべては形だけなのである。本当の闘いは、メディア上あるいは水面下で展開され、各派は関連の政治家や高官へのロビー活動に全力を傾ける。

ただ一つ、効果があるとすれば、加勢者タイプの人々が立場を決める前に、質疑応答を含む大がかりな市民対話を行うことである。これは、検討俎上に載っている各技術、立地、設計、影響緩和策の利点と欠点に関する、信頼性の高い分析につながるだろう。この方法についてはプロジェクト支持者の大多数が知っているが、実現には費用がかかる。早い段階で確度の高い問題解決や合意形成が行えるよう、ふつうなら弁護士報酬や裁判に使うお金の一部を、プロの仲裁者への謝礼に回す必要が生じるのだ。これは広報活動（風力発電プロジェクトの代理人に言わせると「啓蒙」）とは異なる。むしろ、「中立的」とされる仲裁者の助けを借りて調査を行い、情報や知識を得るのである。たいていの人は、こんなことが可能だなどとは考えもしない。しかし、仲裁者は、誰を交渉のテーブルに呼ぶべきかを心得ていて、関係者と一緒に議題を決め、関係者全員が納得しそうな各専門分野のアドバイザーを招いて、共同での事実調査を行う。

ここで三つめの原則を紹介したい。**損害を受けそうな人々を守らないかぎり、彼らは自分達に不利だと思われることには片っ端から反対するだろう。**どこかに新しいビルや工場を建てたい場合、近隣に住む少数の人々から反対されるのは間違いない。そのような人々を説得しようとして、「あなたがたの失うものよりも、他の人々が得るもののほうが圧倒的に大きいのです」などと言うのは、見当違いである。損害を受けそうな人々は、少数派であれば特に、仲間を見つけやすい。しかも、建設を阻止しようとする大きな動機を持っている。他方、地域規模で化石燃料の使用をやめてクリーン・エネルギーに切り替えるプロジェクトなどの場合、恩恵を受ける人は数百万人にも上る可能性があるが、彼らはみな、ゆくゆくは自分達がささやかな恩恵を受ける事実に気づかず、仲間と連帯しようという動機をあまり持たない。

一部の人にとっての損害よりも、恩恵のほうがはるかに大きい場合でも、損害を被りそうな人々はあらゆる手段を使ってプロジェクトを阻止しようとするだろう。しかも、規制当局や役人は損得を天秤にかけることをしないため、えてして少数の反対者の思うツボにはまる。つまり、反対者たちは「蚊帳の外に置かれた」と不平を述べて、簡単に加勢者を見つけ出すことができる。反対派は10％どころか50％超にまで勢力を拡大する。こうなると行政側はプロジェクトに反対の立場を取るほかなくなる。

秘訣は、**損をする可能性のある人々に補償や約束をして、加勢者の目的や優先順位を変えさせる**ことである。補償のしくみをうまく作れば、プロジェクトに反対する可能性のある人々を条件交渉へと引き込める。補償は必ずしも金銭でなくてもよい。例えば、建設プロジェクトの推進者にとっては、「プロジェクトが承認されたなら、近隣の汚染を除去するなどして、地元の長年の課題解決に協力します」と約束するのも一案だろう。

ワイロは法律違反であるから、公になると当人達は困惑するはずである。しかし、同じ状況に置かれた人々全員に明快な方針のもとで補償をするのは、ワイロではない。ニューヨークやロサンゼルスの地域福祉協定は、「新たに施設を設ける場合は、地元の全住民に恩恵が及ぶようにすること」と定めている。利益を享受する人々、とりわけ推進派には事前に実質的に課税し、それを財源にして損失を被る少数の人々に補償を行うのだ。残ったお金は実際に被害を受ける地域への補償に使い、近隣社会のほぼ全員に恩恵が及ぶようにする。問題を解消したり、恩恵を広く行き渡らせたりするために、補償金の支払いや是正措置を行うと、たとえ小さくても損害を被るごく一部の人々は、一般の人よりも大きなメリットを享受したと悟る。一例として、建設プロジェクト関連の仕事は、損害を被る人々に優先的に割り振るべきである。建設地の近くの住民には固定資産税の減免を行い、不動産価格の下落による損失から守るのが望ましい。重要なのは、損をする恐れのある人々に十分な補償をすることだ。これによって加勢者は優先順位を考え直し、推進派に歩み寄るだろう。すると、「よそへ行ってくれ症候群」は解消される。

恩恵を受ける人々からの税収の一部を損失を被る人々への補償に充てる方法が取れない場合、その建設プロジェクトには欠陥がある可能性が高い。立地、技術、時期、いずれかの選択が誤っているのである。

ところで、反対派の中には、自分あるいは近隣住民への補償に関心がない人々もいる（補償は金銭とはかぎらない）。このタイプの人々は、自分の主義主張、あるいは「変化を受け入れたくない」という理由から、建設プロジェクトに反対するのだ。現実には、これまで紹介してきた手法に従った場合、主義主張によって反対に回る人々はごく少数（地域住民の５％未満）

である。行政の上層部や裁判所は、「損害を被る人々に補償を行い、プロの仲裁者が仕切る公開の対話によって問題解決を目指すために、あらゆる努力が払われた」と認めた場合には、地域住民の95％が支持するプロジェクトを中止に追い込むようなことをしないだろう。このように、加勢者になりそうな人々を推進派の側につけて条件交渉に引き込むのが、大切なのである。その次にすべきは、できるかぎり大きな価値を生み出すことだろう。

まとめ

「よそへ行ってくれ症候群」を克服するには

- 一方的な「啓蒙」努力をするのではなく、反対派と共同で事実を探る
- 関係者全員で仲裁者を選び、合意形成を助けてもらう
- 損害に対する補償を約束し、近隣住民を悪影響から守る

第 2 章

もっとパイを
大きくすればいい

——付加価値を創造する

パイ全体を大きくしてから分けよう

あなたはこれまでの経験から、「交渉では必ずといってよいほど、隠れた価値を引き出して互いの取り分を増やせるはずだ」と確信しているだろうか。あるいは、「それは疑わしい」と感じているだろうか。

ハーバード・ロースクールの交渉学講座では、自分だけでなく相手にも利益をもたらす手法を、交渉実務に携わる人々への助言の柱に据えている。この手法のもとでは価値創造、つまり、パイ全体を大きくしてから分けることが重視される。キモとなるのは、**双方の利益に沿った提案**ができるかどうかだ。双方のＢＡＴＮＡ（最も望ましい代替案）を上回る提案を生み出せたなら、それを実行するのが理に適っている。

たいていの人は、価値創造は素晴らしいアイデアだと言うものの、交渉相手が厳しい条件を突き付けて譲らないとか、これ以上は価値を引き出せないといった理由により、自分達の抱える交渉案件には当てはまらないと主張する。要するに彼らは、たいていの交渉は、一方が得をすれば他方は損をする、いわゆるゼロサム・ゲームだと考えているのだ。

確かに、交渉の争点を見つけ出すのは簡単ではない。オークションサイトで中古コンピュータの価格交渉をする場合のように、一人を相手に一つの争点についてその時かぎりの交渉をしているなら、価値を創造するのは難しいだろう。

だが、ほとんどの場合、**交渉の争点は増やせる**し、いくつもの条件を組み合わせることもできる。例えば、価格（争点1）がすべてであるように見える金融取引にも、通常は決済時期（争点2）と金利（争点3）が関わってくる。セールス担当者の手数料報酬が成約額に連動し、買い手が払ってもよいと考える金額が支払い期限しだいで決まるとしよう。報酬を得たいセールス担当者は、「いますぐご契約いただければ、お支払いは1年後で結構です」と言うかもしれない。「融資限度額も拡大しましょう」などと。買い手はすぐには購入できなくても、6カ月後には必要資金が入手できる目途があるなら、三つの争点を活かして、互いにとってよりよい条件での合意に辿り着けるだろう。

交渉の争点は一つだけだと考えがちだが、実際には二つ以上ある場合がほとんどである。もっぱら価格だけが問題になっている例でも、支払い期限、資金の調達方法、将来の取引条件などを交渉条件に加えることができる。カギを握るのは、全体として双方の期待を上回る条件を生み出せるかどうかなのだ。以下では、戦略的提携や、事業継続を脅かす争いの解決など、多種多様な事例を引きながら、すべての交渉者が心得ておくべき、価値創造の4ステップを紹介していく。その4ステップとは、①価値創造の準備、②関心事の確認と争点の追加、③条件付きシナリオの提示、④第三者の巻き込みである。

価値創造の準備

交渉への備えをする際には、自分と相手、両方の視点から、二つの大切な問いについて時間をかけて考えるのを怠ってはならない。二つの問いとは、**「どういった場合に交渉を打ち切るか」「利害を大切な順に並べるとどうなるか」**である。交渉者の大半はこれについて考えるが、相手の視点に立つことはしない。これらの答えを見つけるには、慎重な分析と推測、他者との話し合いが役に立つ。

相手と自分、双方の最低条件や利害について、同等の時間をかけて考えることが大切である。相手が交渉を打ち切るのはどういった場合か、相手にとって最も大切なニーズと要望は何かを十分に考えないかぎり、受け入れてもらえそうな提案はできないだろう。加えて、上司や仲間から、交渉相手と自分達の両方にとって得な選択肢を探す権限をもらっておこう。そのうえで、相手の利害にそこそこ沿い、席を蹴られる心配がなく、自分達の許容ラインを大幅に上回る条件を揃えるのだ。

同時に何種類もの合意条件案を準備しておくと、生煮えの中途半端な提案をするという失敗を避けられる。条件案を決める際には必ず、交渉の余地の大きさがこちらの見通しどおりかどうかの確認につながるよう留意すべきである。相手の利益に沿うよう入念に準備すればするほど、交渉のテーブルに就いた後に付加価値を生み出すチャンスが広がる。

関心事の確認と争点の追加

いざ交渉に臨んだら、相手の隠れた関心事をどうやって掘り起こせばよいのだろうか。質問を投げかけ、答えにじっと耳を傾けることだ。「こちらから提案を出す」と決めて、いくつかの代替案を用意してある場合でも、その前に**相手の利害について質問し、答えを聞く手順を省いてはならない。**

相手の話を聞くといっても、共感が十分に伝わらないようでは、率直な答えは引き出せないだろう。しかも、相手の関心の対象をはっきり理解するには質問をいくつもすることが欠かせない。何を聞き出したいのかをわかってもらうために、**自分達の利害を積極的に説明する**必要もあるだろう。こちらの利害を明かすと相手に一方的に有利な状況を作ってしまう、と考える人が非常に多いが、ほとんどの場合、それは杞憂である。

自分達の利害を明かしたにもかかわらず、相手の利害を聞き出せなかった場合は、別の方法で何とか探る努力をしよう。例えば、見込み顧客に「私どものサービスに関して、料金と質、どちらにより関心をお持ちですか」と尋ねて、「両方です！」という答えが返ってきたとする。

次にこう水を向けてはどうだろう。「最も経験豊かなスタッフに担当させましょうか。1時間当たりの料金は他の者よりやや高くなりますが、いかがでしょう。一流であることは請け合います」。この問いへの反応を見れば、顧客が料金と質のどちらに重きを置いているかがわかるはずである。

他にも方法はある。「当社では、選り抜きの若手を1社の専任にする制度を設けておりまして、一部のお客様からお褒めいただいています。こうすると、お客様のご要望に十分な配慮をしながら、時間当たりの料金を抑えることができます。実際のお客様の声をお聞きになりますか」と訊いて、先方の胸の内を探り出すのである。

双方の信条や理念に食い違いがあり、それにこだわってしまうと、付加価値の創造は非常に難しくなる。この場合は、もっと大きな理念を持ち出して溝を埋め、協調への意欲を引き出すとよい。第1章で取り上げた架空のメーカー、アナコンダに対して、周辺住民の健康にもっと注意を払うよう要請する事例を考えたい。あなたがアナコンダの経営幹部であるなら、「損益を重視しなくてはならないので」などと言わずに、住民とともに環境や健康の増進に努めると宣言しよう。次いで、汚染を撒き散らす古い機械に代えてもっと効率のよい生産技術を導入して、長期的なコスト節減を図るとともに、周辺住民の健康リスクを減らすという提案をしてはどうか。付加価値を生み出すこのような機会は、**利害の食い違いに議論が集中するのを避け、**

健康や環境の増進のような共通の利益を追求することによって探り出せる。

条件付きシナリオの提示

付加価値を創造するには、必ずと言ってよいほど条件付きシナリオの提示が必要になる。具体的には、**本当に付加価値が得られるか、条件を示して相手の反応をうかがうとよい。**

既存顧客と契約更新の折衝をする場面を想像してほしい。その顧客は従来の製品に満足しているが、会社は改良版に多大な投資をしており、あなた自身も新製品への更改を勧めたいと考えている。顧客の意向を尋ねると、事業拡大に伴うコスト上昇に気を揉んでいることがわかる。そこで、次のようなシナリオを提示してはどうだろう。「代金の5万ドルを超える部分について、機械1台当たり10％のリベートをお支払いしたら、改良後の製品に切り替えてくださいますか」

最終契約を取りまとめる前に、相手と一緒にブレインストーミングを実施することにすれば、さまざまな条件を試す気持ちの余裕ができるだろう。**一度に複数のシナリオを示す**と、「具体的な提案をすぐに出してくれるのだろう」と相手から早合点されるリスクをいっそう小さくできる。最初の提案への返事がある前に、「無料配送を手配しましょうか。あるいは、新製品を5万ドル以上ご購入いただいた場合、5万ドルを超える分については10％のリベートをお支払いしてもよいです」と申し出てみよう。この申し出への反応によって、相手が何を重視しているかが見えてくるはずだ。無料配送よりリベートのほうがよさそうなら、さらに二つの提案を畳みかけよう。「新製品を購入いただければ、10万ドルを超える分については15%のリベートをお支払いしてもよいです」「それとも、支払い期限を無利子で3カ月延ばしましょうか」。どの提案も、互いの利益になる譲歩をとおして、ささやかな付加価値を生み出すものである。

交渉では必ず、いつかの時点で付加価値を分け合わなくてはならない。その時こそ、相手よりも多くを得るチャンスである。時として、交渉者が「相手と成果を競わなくては」という意識を持つせいで、付加価値の創造ができなくなってしまう。「分け前の奪い合いが起きるかもしれない」と考えると、情報を共有したり、相手の話に親身に聞き入ったりするのは危険な行いに思えるかもしれないが、それは違う。

第三者を巻き込む

交渉の当事者間に信頼関係がほとんどない場合、どうすべきだろうか。**双方が信頼を寄せる第三者に付加価値の創造に重点を置いた橋渡し役を頼む**ことを検討しよう。プロの仲裁者でもよいし、両当事者が一緒に仕事をしたことのある人、例えば銀行の融資担当者でもよいだろう。中立的な立場の橋渡し役は、交渉者に個々に会って利害や関心事を探り、双方の利益になる取引条件を見つける手助けをする使命を負う。中立的な第三者の助力を得ると、自分の利害関心を明かすことに関するためらいや不安を克服できる（橋渡し役が取引の付加価値を高められないようなら、お引き取り願っても構わない）。

二者間では取引材料が不足しているようなら、**利害関係のありそうな第三者を交渉に引き入れて付加価値を生む**という手もある。例えば、共同出資者を追加すれば、買い手と売り手の溝が埋まる可能性もある。ただしこの場合、最初から交渉に関わっている二者の取り分はおそらく減るだろう。同様に、グローバル規模の購買部門を介して新規技術のライセンスを購入しようとする場合、ライセンス保持者との協議の早い段階でエンジニアリング担当者を巻き込むとよい。ライセンス取得後に技術試験をどう行うか、アイデアを出してもらい、売り手に新たな性能試験結果を届けて従来よりはるかに大きな市場で信用を高められるようにするのだ。交渉の関与者が増えるとややこしさが増すのは確かだが、コスト、納品、メンテナンスといった定番の課題に話を移す前に、パイ全体を拡大することができる。

ここまでの内容をまとめたい。ゼロサム・ゲーム、つまり**一方が得をすれば他方は損をするように思える事例でも、たいていは打開策がある**ことを、忘れないでほしい。付加価値を創造できるのだ。そのカギは、交渉には必ず、「パイ全体を拡大する可能性はある」という明るい見通しで臨むことである。できるかぎり大きな価値を生むためにあらゆる努力を払ったなら、双方にとって得な交渉結果を引き出し、なおかつ相手よりも多くの分け前を獲得することが、格段に容易になる。

まとめ

価値創造の４ステップ

・価値創造の準備
・関心事の確認と争点の追加
・条件付きシナリオの提示
・第三者の巻き込み

重要な事業パートナーとの提携交渉

大切な相手との関係を維持したい気持ちが強いと、私達は相手に利益を、そして自分達にはそれ以上の利益をもたらす選択肢を懸命に考え出そうとする。事業パートナーはたいていの場合、企業戦略にとって重要だが、その度合いは一様ではない。主要部品の製造元が限られるような場合、重要性は特に高い。そのような事業パートナーとの交渉では、できるだけ速やかに条件の詰めに入るのが望ましい。もっとも、**相手が事業パートナーであっても、遠慮せずにできるかぎり多くを要求しても構わない。**自社戦略のカギを握る事業パートナーとの交渉戦術を工夫すると、双方にとって望ましく、なおかつ自分達の取り分を多くする形で、提携をまとめることができる。

コンピュータ本体と周辺機器を製造するブラットルベリー社と、同社製プリンター向けにインクカートリッジ容器を製造するバイアテックス社の関係を考えたい。10年に及ぶ取引関係は両社に恩恵をもたらしており、ここ5年間の取引高は、年平均で300万ドルに達している。

ところが最近では、ブラットルベリーの売上高は全体として予想を下回っている。しかも、頻繁に見積依頼をするせいで納入業者の多くが不満を抱いている、という調査結果が出た。2年ごとの契約条件見直しのために、全関係者にコスト面、時間面の負担がかかっていた。

そこでブラットルベリーの経営陣は、重要部品を製造するバイアテックスなどの戦略的パートナーとの間でコスト削減策を協議することにした。納入業者はすぐには取り換えが利かず、当面の事業目標を達成するには納入業者との友好的な関係が欠かせなかった。

このような関係には特別な配慮が求められる。貴重な事業パートナーとの交渉では、納入価格をできるだけ低く抑えるという要請と、提携関係を維持、増進する必要性とのバランスをうまく取る必要がある。仮に納入業者との結び付きがさほど強くなかったとしても、戦略的な理由により交渉相手からの信頼を損ないたくない場合もあるだろう。以下では、戦略的パートナーとの交渉で定石とすべき五つのテクニックを伝授する。これらを活用すれば、交渉の余地を広げたり、付加価値のかなりの部分を手に入れたりすることができるだろう。

事業パートナーの独自のニーズや利害関心にじっくり注意を払う

すでに述べたとおり、長期にわたる戦略的関係を保とうとする意思をそれとなく伝えるためには、交渉者は双方の考えに注意深く耳を傾ける必要がある。**何度も会って互いの利害関心を探る**のは、関係性を築くシンプルだが効果的なやり方である。

ブラットルベリーはバイアテックスを戦略的パートナーと位置づけた後、「長期契約を結ぶ代わりに、年間の購入コストを5％抑える」という提案をすることにした。そのうえブラットルベリーは、コスト削減を実現する斬新な方法、例えば製品仕様や要求条件の変更などを、バイアテックスと協力しながら考案すると約束した。

両社の代表者は数カ月にわたって協議を重ね、コストを下げる四つの方法を考え出した。

1　カートリッジの素材を、欠陥率は若干上がるがかなり安いプラスティックに変更する。

2　現在はさまざまなプリンター向けに合計3種類のカートリッジを収めているが、仕様変更によって1種類で全プリンターに対応できるようにする。

3　ブラットルベリーは、四半期ごとの納入量の上限と下限に同意する。これによってバイアテックスは景気後退時にも人員を解雇せずにすみ、景気のよい時期には新規採用と研修が可能となる。

4　ブラットルベリーが欠陥製品をめぐる負担を今以上に引き受ければ、バイアテックスは自社工場での品質検査を減らしてコストを下げられる。

双方の利益になりそうな提案が出揃ったら、当事者がそれぞれ、各提案の実コストと削減額を算定する。

ただし、社内外で持ち上がるチャンスや課題に応じて、双方の利害関心が刻々と変化することを忘れてはならない。定期的にミーティングを持つと、利害関心の変化を察知して、**互いの利益になる予想外のチャンス**を探り出せるだろう。

利益の取り合いよりも付加価値の創造に重点を置く

付加価値の創造は協調して行うものだが、利益の分配は競い合いの性格が強い。一方が得をすると他方は損をするのがふつうなのである。

最も大切な戦略パートナーとの交渉では、一般的な事業パートナーと交渉する時にも増して、付加価値の創造を重視するとよい。そのためには通常よりもブレインストーミングに多くの時間を費やし、複雑な提案を検討し、互いの利害関心を詳しく話し合うことになるだろう。戦略的パートナーとの交渉において、相互に有利な結果を導き出し、なおかつ相手よりも多くの価値を手に入れるには、**長期的な視点で損得を考える**べきである。たとえ何かの取引で損をしたとしても、長く提携関係を続けていくうちには、その損を取り戻すチャンスは何度も訪れるだろう。

ブラットルベリーとバイアテックスは、互いの主張をじっくり聞き、コスト削減と価値創造につながりそうな四つの提案をまとめた。では、コスト削減や利益増大が実現した場合、それをどう分け合うべきだろうか。答えは、双方にとって何が最も重要であるかによって異なってくる。ブラットルベリーは、バイアテックスへの支払いを年5％ほど抑えたいと考えている。このため、戦略的提携を続けるには、3000万ドルに上る今年の契約を150万ドルほど縮小しなくてはならない。

取引関係の長期的な重要性を強調する

ビジネス上の重要な関係には、多くの時間と労力を傾けるだけでなく、自分自身も深く関与する必要がある。先方の交渉担当者と親しくなると、先々まで役立つ信頼や友好関係を築ける。一緒にランチをとって家族や最近の旅行についておしゃべりを交わすといった、ちょっとしたことが功を奏する場合もある。たとえ一方が「これ以上は何も提供できない」と考えていたとしても、信頼し合える可能性が高まるかもしれないのだ。

バイアテックスとブラットルベリーの担当者は何度も会議や食事を重ねて、強い絆で結ばれたが、それまでは利益配分をめぐって不安が渦巻き、付加価値の創造が実現せずにいた。突破口が開かれたのは、バイアテックス側が「やむなく社員を解雇すると、いざという時にすぐに優秀な人材を見つけるのは難しい」という懸念を口にした時だった。これを聞いたブラットルベリーの交渉担当者は、「150万ドルのコスト削減目標が達成できるよう、もっと積極的に動いてはどうですか」と相手に持ちかけた。双方のあいだに信頼が生まれ、自分達にとって何が大切かを安心して相手に伝えられるようになってからは、それまで考えていたよりも望ましい交渉結果を引き出すことができた。

戦略的パートナーの主張を好意的に解釈する

ビジネスの世界では最近、冷めた見方が広がっている。戦略的パートナーから、重要な納期を守れないとか、価格を引き上げてもらわないと対応できない、などと言われると、「何か裏があるのではないか」と勘繰りたくなるかもしれない。そうなると自分の主張に固執して、相手の要望をはねつけてしまう。残念ながら、**最初から相手を疑ってかかると、そのせいで疑念が現実になる恐れがある。**「相手は不当に有利な状況を狙っているのではないか」と思うと過剰に反応してしまい、そのせいで対決姿勢が強まるのだ。

むしろ、戦略的パートナーから折り入って要望が出されたら、好意的に解釈しよう。相手の言葉を額面どおりに受け止めたうえで、自社の利害を損なわずに問題を解決する方法がないか考えるのである。**相手の要望に真剣に対処する姿を見せれば、不必要な敵対を防いでパートナー関係を保つことができる。**

バイアテックスとブラットルベリーの交渉の隠れたテーマについて考えたい。バイアテックス側の主な心配事は、技術を要する製品を作るスキルを持った人材を抱えておくために、いかに解雇を避けるかにある。ただし、もし増益を続けられないなら、ブラットルベリーとの提携を解消して、他社と組むことも辞さない覚悟である。一方ブラットルベリーは、バイアテックスから必ずしも5%の値下げを引き出さなくてもやっていける。実のところ、年2回の見積依頼に伴うコストを削減するだけで、今後5年間で１００万ドル以上を節約できるのだ。

このような実情を明かすためには、互いが強い信頼関係で結ばれていることが前提となる。そもそも何らかの付加価値を生み出すには、双方が企業秘密の一部を共有しなくてはならない。にもかかわらず、どちらも、付加価値の大部分を相手に取られるのではないかという疑念から、情報を出さずにいたいというプレッシャーにさらされる。仮にブラットルベリーが、「新しい提案のもとでは、バイアテックスは主張している以上の利益を得るだろう」と考えるなら、信頼を壊さずにこの考えを相手にぶつけなくてはならない。

大切な事業パートナーの不意を衝くのを避ける

交渉では誰しも不意を衝かれるのを嫌がる。「自分達はあらゆる可能性を検討したうえで交渉のテーブルに就いた」と信じたいのだ。予想外の展開になると、準備不足が露呈するばかりかリスクも抱えてしまう。

良好な関係をぶち壊す最も手っ取り早い方法は、予想外の手順変更や妥協の余地のない要求などを突き付けて、相手を驚かせることである。相手にとって寝耳に水のテーマを持ち出すのは、リスクの大きさがわからないうちに判断を迫るのと同じく、失礼に当たる。**誰かを不意打ちにすると、こちらに有利なように事を運べるかもしれないが、いずれ意趣返しをされてツケを**

払う羽目になるだろう。

戦略的パートナーどうしの交渉では、無理なく付加価値を生み出した後、その分配法を公平性と信頼を重んじながら決めることが、大きな課題となる。この手法に従うとすぐに具体的な条件の詰めに入り、互いに協力しながらおのおのの取り分を最大化することができる。

■役所と民間企業の戦略的パートナーシップ

アメリカでは一部の政府機関が、規制強化を避けて、高い成果を目指す企業や非営利団体（NPO）にインセンティブと支援を与えるために、官民パートナーシップを推進しようとしている。地域再開発の例では、環境規制当局が、汚染などが原因で利用されなくなった土地の再開発を手がける業者に対して、地元組織をプロジェクトに参加させて技術、資金面の支援をすることを条件に、汚染除去に関して通常より大きな裁量を与えるほか、建築規制を緩和したりすることが考えられる。加えて、地域社会の環境改善に見合った助成金を連邦政府から支給する。このような官民パートナーシップは、メーカーと納入業者との戦略的提携と似ており、同じ原則を念頭に置いて進めるべきである。

まとめ

重要な戦略的パートナーとの交渉のコツ

- 相手のニーズや利害関心を摑む
- できるかぎり大きな付加価値を創造する
- 相手との長期的関係の重要性を強調する
- 相手を好意的に解釈する
- 不意打ちを避ける

戦略的パートナーとの交渉で双方に利益をもたらし、しかも自分の側により多くの果実を持ち帰るには、手際のよさが求められる。相手との長期的な関係が重要であるなら、短期的に（あるいは一度の交渉で）どれだけの果実を得るかよりも、関係を損なわずに、将来的に大きな成果を上げる可能性を残しておくことのほうが大切である。

ここまでは、長期的な付き合いを含む企業間の交渉を扱ってきたが、以下では社内の交渉に話題を移したい。社内の交渉であっても条件の詰めにまで到達するのは容易ではなく、その難しさは付加価値の創造と分配をめぐるものであるから、やはり厄介であることに違いはない。

社内の対立を解決するには？

ウォール・ストリート・アソシエイツ（ＷＳＡ）という大手投資会社の営業部隊は、商品マネジャーの指揮のもと全米で金融商品を売り、実績に応じたボーナスを支給されていた。ところが組織再編をきっかけに、古くからの社内関係が断ち切られてしまった。営業部隊は新任の地域マネジャーにも報告義務を負い、彼からもボーナス査定を受けることになる、と告げられた。同じ頃、本社の幹部達は、営業担当者の時間や労力の配分を変更するつもりだと発言した。営業担当者達は憤慨した。同等レベルにある二つのマネジャー・グループに気を配るなど、無理というものだろう。営業担当者達は忠誠心をズタズタにされたと感じて反抗し、一部の花形担当者は「会社を辞める」と凄んだ。

最新式の圧力鍋のような状態になってしまった会社は少なくない。上層部が仕事のやり方を大幅に変えるよう強制すると、社内で対立が噴出するのだ。全社的なコンピュータ・システムの更改、指揮命令系統の変更、そして、ＷＳＡの営業部隊を見舞った組織再編……。従業員どうし、あるいは事業部間のいさかいや対立は、経営資源のムダや業務効率の低下を引き起こし、誰も目標を達成できなくなってしまう。

社内対立は水面下で数々の組織に広がっており、それには以下のようにいくつもの理由がある。

- 組織の階層がかつてなく減って人と人とのつながりが密になっている。マネジャーの多くは、権限を越えてまで責任を果たそうとし、それが組織内でギクシャクが起きる主因となっている。
- 組織は、法律や規制の変化など、外部環境の急激な変化への順応を迫られている。順応を促そうと努力すると、往々にしてそれに逆らおうとする動きが生まれる。
- 職場の多様性《ダイバーシティ》を高めようとする好ましいはずの取り組みが、個人間では、文化や流儀の違いによる衝突を引き起こす。
- 「少ないヒト、モノ、カネで大きな成果を上げなくては」という重圧のせいで、少ない経営資源をめぐる部門間の取り合いが起きやすい。

このような社内での対立に最も有効なのは、**変更によって影響を受ける人々どうしが直接交**

渉することである。上からの決定を押し付けるやり方は今なお一般的だが、あまり効果がない。実務に詳しい人々や、新しいやり方を実践しなくてはならない人々による自発的な合意のほうが、効果的なのである。同じ組織のメンバー間の交渉といえども、別々の組織に属する人どうしの交渉に劣らずヒートアップする。

従来の常識では、社内対立の解消は主に経営陣の責任だとされている。「経営幹部は、意見の違いを脇に置いて組織全体の利益に尽くすよう、従業員に求めるべきだ」という考え方である。対立が起きるのは、指揮系統の混乱や権限の重複が原因だから、役割や責任の明確化に努めるべきだ。対立が長引くようなら、上級マネジャーの責任で適切な行動をみんなに取らせなくてはいけない——。

こうしたやり方は、社内の対立に蓋をするだけで、おおもとの原因を取り除くわけではないだろう。トップダウン型の手法は、最も抵抗の少ない道を探るあまり、組織全体を覆う懸念への対処を怠り、先々同じような対立を再燃させる可能性が高い。経営陣にとってはむしろ、方針変更に利害を持つ人々を集めて、問題解決に向けた交渉を慎重に進めるほうが、はるかに有意義なはずである。

階層の少ない組織では、命令への服従を求めるよりも、関係者間の交渉という新しいやり方のほうが成功する可能性が高い。そのためには、利害関係者が①対立の原因を突き止める、②

意見の違いを乗り越えて合意を形成する、③合意内容をみんなに伝える、という3ステップからなる問題解決型の交渉を行う必要がある。

■対立の原因を突き止める

最初のステップは、業務手法の変更によって何がどれくらい困るのかについて、関係者全員の意見をまとめることである。これは決して容易ではない。ＷＳＡの例では、不安が渦巻いていたため、繊細な対応を要した。社内対立に主に交渉により対処するには、対立の状況を把握するのが先決である。そこで営業担当の上級副社長は、ビルという名の社外コンサルタントにその仕事を依頼した。相互利益につながる交渉手法を熟知したビルは、本社商品マネジャー、地域マネジャー、ベテランの営業担当者に個別に話を聞き、そのうえで仮の状況評価結果を示した。

ビルは、すべての関係者に評価結果の意義を納得してもらえるよう、比較対照を行い、組織再編の影響を立証した。インタビュー調査にもとづくと、再編によって全員が恩恵を受ける可能性があるという。地域に根差した営業活動が功を奏して全米での売上、ひいては営業担当者の手数料報酬が増大すると考えられる――。ビルは組織再編案を新たな角度から捉え直して、関係者全員をできるだけ早く交渉の詰めの段階へと導こうとしたのだ。

経営陣は、交渉プロセスを始動させて、商品マネジャーと地域マネジャーの軋轢を解消するよう、ビルに促した。ビルは支援を取り付けるために、経営陣と1日がかりの会議を行い、「全員の利益に沿う解決策を見つけ出すために努力する」という確認を得た。

彼は、「内容は公表しない」と約束して1対1で行ったインタビューをもとに、対立関係を図にまとめた。そこには、各関係者の懸念がどのくらい差し迫ったものであるかも記されていた。加えて、問題解決の基本ルールを定めた実行プランを作成し、事実をさらに調べる必要があると述べた。インタビュー相手にこれら資料の中身を確認してもらう作業をとおして、対立の本質を全員に理解してもらった。

問題解決のための交渉では、関係各グループから代表者を出してもらうことが大切である。主な利害関係者である商品マネジャー、地域マネジャー、営業部隊、3グループは、ビルが作成した評価資料に目を通した後、おのおの会議を開いて自分達の利害関心を明確にし、3人ずつ代表者を選んだ。これら計9人の代表者が交渉に臨むのである。この事例では、**あらゆる利害を丹念に拾い出す**ことが、妥協可能な条件を見つけ出すうえで必須だった。

■意見の違いを超えて合意を形成する

組織内における問題解決型の交渉では、第二ステップとして、組織再編案を誰にとっても有益なものにするために諸条件を決める。ビルは数週間を費やして、9人のメンバーと半日のミーティングを3回行った。手始めに、9人のメンバーに、自分達の利害関心の優先順位を付けてもらった。一部には、利害関心ではなく立場を主張しようとする人もいた。これに対してビルは、立場の陰にどういった利害があるかを説明するよう求めた。

三つのグループは、おのおの利害を明確にした後、互いの利益に沿うための方法を検討した。営業担当者はどうすれば、商品マネジャーと地域マネジャーの両方に対応できるだろうか。四半期ごとの目標を達成するには、コミュニケーションと調整に関してどのようなツールが役立つだろうか。ある時点で、営業部隊の雇用契約をめぐる認識の違いが浮かび上がってきた。そこで、一部のメンバーが事実を調べて報告することになった。このように共同で事実調査を行うと、集まった情報を全員が信用する可能性が高まる。従って、組織内の交渉をとおして付加価値を生み出せるかどうかは、組織間の交渉の場合と同じく、共同での事実調査にかかっている。

やがて9人のチームは提案をまとめあげた。各人が自分のイチ押し提案について推薦理由を述べ、組織再編案をどう変更すると自分達の利害に適うばかりか、全社にとって最も望ましい結果になるか、説明した。

彼らの合意内容は、指揮命令系統の変更と、営業部隊の時間配分に関する推奨案を柱としていた。営業部隊が当初、再編案に反発したのは、新しい体制のもとでは手数料報酬の水準がどう変わるのか、まったく読めなかったからである。この点に関して交渉チームは、各営業担当者が年ごとに二人の上司との間で契約を交わしてはどうか、と提案した。併せて、「営業成果がボーナス査定に十分に反映されていない」と感じた営業担当者に、不服申し立ての権利を与える案も出された。

この合意案は9人中8人の署名を添え、営業担当の上級副社長に提出された。ビルは交渉の過程で終始、極めて重要な役割を果たした。ビルのような中立的な立場の人による助けがなければ、対立する部門の代表者達がこれほど短い期間に条件の詰めを行えたとは考えにくい。コンサルタントのビルは、メンバーに役割を果たさせ、準備をしたうえでミーティングに臨むよう発破をかけ、所属部門との連絡を絶やさないよう求め続けた。また、味方の利益増進を狙って交渉プロセスを端折ったりせず理性的に行動するよう、各メンバーの手綱を引いた。加えて、合意案に示された内容を徹底させるための活動についても、指導役を引き受けた。

交渉に関わった3チームはそれぞれ、所属組織の利益が最大になるように、再編案を改めさせようとした。ビルの導きで条件の詰めに入ってからは、誰も損をせず、全員が以前よりも多くの手数料報酬を得る可能性のある、そんな合意案を考え出すことができた。

■合意内容をみんなに伝え、抵抗を乗り越える

交渉の当事者間では合意が成立したが、これで仕事がすべて片付いたわけではない。支持を取り付け、合意内容を戦略的に位置づけ、確実に実行に移すために、味方を増やす必要があるのだ。私の同僚デボラ・コルブが指摘しているように、同一組織内における問題解決型の交渉はすべて、これら三つの目標を達成しなくてはならない。

目標1　支持を取り付ける

交渉を担当した人々が**他者への気遣いを言葉で示す**と、合意内容への支持を引き出すことができる。この定石どおり、WSAの例で交渉担当者とコンサルタントのビルは、対立に直接は関係しないが合意案に疑問を抱きそうな人々との1対1の話し合いに、多大な時間を費やした。

話し合いには、合意案の個別の中身に反対していそうな相手の顔を立てるために、提案を用意して臨んだ。例えば、「合意案に沿った変革の実行者として、広く名前を紹介しますから」といった提案である。この種の交渉で一方が勝利を収めるためには、他の関係者にも報酬増加のチャンスをもたらすとよい。

目標2　合意案を戦略的に位置づける

合意案がたとえ抵抗に遭っても会社の重要事項から外れないように、社内に広報するなど、**好印象を生み出す努力**をするとよい。WSAの交渉担当者達は、社内ミーティングのたびに、利害の異なる複数のグループが力を合わせて問題解決を目指しているのだと、熱心に説明した。狙いは、問題解決によって四半期売上が伸びたら、社内の全員に恩恵が及ぶと明確に伝えることだった。

目標3　合意内容の実行に向けて味方を増やす

交渉チームは、リーダー層の持つリソースや課題決定権を活かして、仲間作りをするとよい。WSAの交渉担当者達も、「問題解決に向けた交渉が成功すれば、その成果は社内の他の問題の解決にも活かせるでしょう」と主張して、何人もの幹部を味方に引き入れた。合意案の支持者が続々と名乗りを上げたため、抵抗者達は孤立し、支持派が勝利を収めた。経営陣も、交渉者達の合意案に沿った変革の実施を歓迎した。

WSAの事例が示すとおり、組織内の対立は一時的な問題として片付けるべきではない。むしろ、対立を解消する術を身に付けて、抵抗に遭いそうな変革をうまく進められるようになるための、チャンスとして捉えるのが望ましい。組織内のウィン・ウィン型交渉を制するには、対外的な交渉と同じく、合意可能な条件を見つけ出し、付加価値を創造してそれを手に入れるための努力が求められる。

単独で交渉すべきではない場合

慎重に代理人を選び、適切な指示を与えたうえで慣れない交渉や難しい交渉を任せた場合、交渉に長けた代理人はほぼ例外なく合意可能な条件を探り出し、ウィン・ウィン型交渉を制することができる。**代理人は往々にして、付加価値を創造するのに最適な立場にある。**なぜなら、少なくとも最初は、交渉相手に対して競争心を剝き出しにすることはないからだ。

創業6年目に入ったばかりのアメリカの医療機器メーカー、プロメテウスは、主力製品である心臓モニターの特許を取得した。最新技術を搭載した、従来よりも大幅に進歩した製品だと考えられていた。プロメテウスが予想していた以上に有望な市場がありそうである。しかし、一つ問題があった。第2回の増資時にベンチャー・キャピタルから調達した資金が、底を突こうとしていたのだ。競合メーカー数社が株式公開の準備をしていたが、プロメテウスと比べて製品試験は手薄であった。プロメテウスのCEO、ジャニスは、最新鋭の製品を未知の市場で大々的に売り出すために、資金調達をテコ入れしようとして、海外企業数社とのジョイント・ベンチャー（JV）の可能性を探ろうと決意した。

ただし、他にも問題があった。ジャニスは過去にJV絡みの交渉経験がなく、海外投資家とビジネスをしたこともなかった。しかも、JV候補として目星を付けたヨーロッパ系の1社は、プロメテウスの強みと弱みを知り尽くしており、海外経験が欠けているという情報まで掴んでいた。ジャニスは、今後の交渉において小粒な自社の利益を代表する役割を担うのは、自分が最適だと承知しながらも、とても神経質になっていた。会社の命運がかかっていた。ジャニスには、成功を手にできるだけの知識と経験があるだろうか？

過去に経験したことのない種類の交渉に臨む際、自分の手に負えないようなら、そうと認めなくてはいけない。そして、交渉を開始する前に引き下がるのが賢明な場合もあるだろう。つまり、**自分の代わりに、経験豊富な誰かに交渉のテーブルに就いてもらう**のだ。代理人に任せると、自分で交渉した場合には想像もできなかったような成果が得られる場合もある。ジャニスは自分の経験不足を補うために、代理人に、海外投資家に連絡をとって相手の関心を探り、プロメテウスの利害の検討を助け、ＪＶの条件案を作成し、提案内容を評価し、契約を締結する、といった仕事を依頼してもよいだろう。交渉のプロをアドバイザーまたは代理人として雇えば、ＪＶ契約を首尾よく結ぶ可能性を大幅に高められるだろう。雇った相手に対しては、付加価値の創造にできるかぎりの時間と熱意を傾けるよう、指示すべきである。

もし交渉相手から「代理人では困る」と言われたら、ここぞという時だけプロの力を借りればよい。一方、交渉相手が代理人を立ててきた場合は、代理人どうしが、依頼人に相談しながら交渉に臨み、合意案を検討するだろう。

一部には、代理人を立てると、歩み寄りの余地を見つけて相手との関係を対立から協調へと変えるのが難しくなる、という意見もある。この理屈によると、代理人が依頼人とは相容れない利害を持ち、そのせいで交渉相手と協調できないことになる。しかし実際には、適切な指示さえ与えれば、代理人は必ずといってよいほど、交渉相手とのあいだで互いの利益になる条件をまとめ上げることができる。

■どんな場合に代理人を立てるべきか？

交渉の一部または全部を代理人に任せるほうがよい状況は、大きく言って三つある。付加価値の創造に有利な交渉の早い段階では、特に代理人の活用が効果的である。

交渉のテーマやルールに馴染みが薄い場合

交渉では時に、よく知らない分野を扱わなくてはならない。テーマやルールに不案内な場合は、経験豊富な代理人を頼るのが賢明である。例えば、科学分野の専門家がスタートアップ企業の資金調達を目指すなら、やり手の弁護士やＩＰＯ（株式新規公開）の専門家を代理人にするとよいだろう。同様に、未経験者が不動産を売却したいなら、不動産代理店に仲介を依頼して、買い手とのあいだで互いにとって都合のよい条件で取引をまとめてもらう方法を選ぶかもしれない。契約を結ぶ前に依頼者の意向を確認することを、ルールとしてはっきりさせれば、話し合いをとおして付加価値を創造する余地が広がるかもしれない。

時間や距離の制約がある場合

遠く離れた地域や国、あるいは厳しいスケジュールのもとで交渉をまとめなくてはならない場合は、どうすればよいだろう。遠隔地にいる相手に会いに行くだけの時間がないとか、話し合いに毎回は参加できそうもないなら、交渉をうまく運ぶのは難しいだろう。そのうえ、拙速に結論を出したくなるかもしれない。このような場合は、交渉のテーマや種別にふさわしい代理人を探そうと考えるだろう。出版社との付き合いがまったくないカリフォルニア在住の物書きは、ニューヨークに拠点を置く著作権代理人をとおして原稿を売り込み、契約条件を精査すべきである。

交渉相手との関係が良好ではない場合

以前に衝突したことのある相手との交渉を控えて、ビクビクしている自分を想像してほしい。代理人を立てれば、気持ちを落ち着かせ、穏やかな雰囲気でビジネスライクに話し合いを進めやすい。この作戦が最も功を奏するのは、対立関係にある当事者間の外交交渉である。一例として軍事紛争の停戦交渉では、双方が信頼する代表者間で和平合意を導き出してもらう。ビジネスの世界では、雇用契約をめぐって労使の間で根深い対立が続いている場合、それぞれ経験豊かな人物に依頼して、従来とはまったく異なる条件を探ってもらう必要があるかもしれない。

要するに、自分の利益をうまく追求できそうもないと心配なら、そして特に、相手が強気な行動に出てきているなら、代理人を立てるようお勧めしたい。

まとめ

以下の場合は代理人を立てよう

- 交渉のテーマやルールに馴染みが薄い場合
- 時間や距離の制約がある場合
- 交渉相手との関係が良好ではない場合

■代理人をうまく活用するには？

代理人を立てると決めても、性急に交渉を進めようとしないことが大事である。例えば、手近な誰かを代理人にすると決めて、翌日に交渉を始めさせるようではいけない。**代理人を慎重に選び、責任や期待内容を詳細まではっきり理解させよう。**以下に、代理人を選び、仕事の条件を詰めるうえでの重要なステップを示す。

候補者の評判をじっくり調べる

代理人を選ぶ際には、自分のニーズを最優先しよう。彼らは専門分野がまちまちで評判も知れ渡っているため、誰を選ぶかによって、望ましい交渉結果を得る可能性は広がりもすれば潰れもする。同じような案件で過去に素晴らしい成果を上げたとか、知り合いと仕事上の強い関係があるなどの理由が、選定の決め手として考えられる。これから臨もうとする交渉の中身を考慮しながら、候補者の評判を多くの角度から分析するとよい。

代理人の責任範囲を明確にする

候補者を絞り込んだら、代理人としての責任範囲を文書に記そう。まずは自分の利害を優先度の高い順に並べて、相手に示すとよい。プロのアスリートは、代理人をとおして新たにチームと契約を結ぼうとする場合、成績に連動するインセンティブ報酬を優先項目の1番目に持ってくるのではないだろうか。このところ成績が下り坂であるなら、自分ではチームオーナーに成功報酬を要求しにくいかもしれない。代理人に対してはまた、交渉の各段階でどういった権限をどれくらい持たせるか、具体的に示すべきである。初期の段階では大きな裁量を与えるが、交渉が煮詰まってきたら口頭での了承を必要とする、と決めておく場合もあるだろう。

交渉者は往々にして、代理人に幅広い裁量を与えるべきかどうか迷う。私の考えでは、**付加価値を生み出す段階では特に、幅広い選択肢を検討させる**のが理に適う。ただし、最終判断は代理人任せにせず、必ず自分で下すべきである。つまり代理人には、交渉の余地がどれだけあるかを探らせて報告させるのだ。そして、自分の利益になる条件を一緒に徹底的に考えるとよい。**最終的な条件に関しては、確定する前に必ず自分の承認を取るよう、念を押そう。**

成果連動型の報酬体系にする

依頼者は、代理人との契約に、何らかの交渉成果と報酬を連動させる規定を盛り込みたいと考えるかもしれない。どちらにしても、自分の利益と代理人の利益を密接に関連づけることが重要である。これは例えば、交渉によって最大限の金銭的価値を引き出すだけでなく、相手との関係を良好に保つことを意味するかもしれない。

新鮮な視点を取り入れるためだけに代理人を関与させる場合もあるだろう。そのような例では、代理人の関与が最も価値を持つのは、準備や付加価値づくりのためのブレインストーミングかもしれない。提案を受け入れるかどうかを決める段階では、代理人に入ってもらうまでもなく、往々にしてすぐに決着がつく。**ある段階以降は代理人なしで交渉を進めたい場合、それ**

を最初にはっきり伝え、契約にも記載しよう。

■代理人と一緒に仕事をする

複数の当事者が代理人を立てると、交渉は格段に複雑になる。交渉者の多くは、相手方の代理人は常に明快な使命を帯びていて、依頼者と利害が一致しているという勘違いをする。どちらも往々にして成り立たないため、プロメテウスのジャニスは十分に注意しなくてはならない。例えば、交渉相手の代理人は、ジャニスに不利な契約を結ばせた場合に限りボーナスを貰えることになっていて、それ以外の指示を与えられていないかもしれない。この場合、ジャニスが双方に付加価値をもたらす妙案を思い付いたとしても、相手方の代理人からは無視されるだろう。相手方の代理人の使命があまりに限定されているせいで、プロメテウスは損失を被りかねない。このためジャニスとしては、落とし穴に注意して以下の一般的なガイドラインに従うべきなのだ。

交渉相手の代理人の役割を探る

ジャニスは「交渉相手とその代理人の利害は一致していないのではないか」と察するかもし

れないが、どうそれを確かめればよいだろう。相手方とじかに話をして、代理人に何を期待しているのか、可能なかぎり探ろうとするかもしれない。相手方が協力的ではないなら、自分の推測を文書にして交渉の相手方（代理人ではない）に送付し、確認を取るべきだろう。こうすると、相手とその代理人との関係、ひいてはどういった契約が期待できそうかがわかるだろう。契約額に連動した報酬を得る代理人は、報酬を手にするために、なるべく早く交渉をまとめようとするかもしれない。ところが依頼者は、よりよい条件を見つけて交渉の両当事者の利益を増やしたいと考えている可能性もある。

相手方の代理人を味方に付ける

可能なら、提案を工夫して、相手の代理人がこちらの利益をも代弁するような形に持っていくとよい（これについては第1章でも触れたほか、第4章でも補足する）。相手方とじかに話すことができないなら、結局のところ、相手の代理人をとおしてこちらの主張を伝えるほかないのだ。望む結果につながりそうな最強の理屈でその代理人を武装させれば、こちらの得になるだろう。加えて、交渉相手とその代理人、両方に利益をもたらす方法を探すべきである。あなたの提案を受け入れるべき理由を、相手方の代理人が依頼者に説明しやすいよう、配慮しよう。代理人と依頼者との契約がどうなっているか、確かめるのは難しいかもしれないが、基本だけでも知っておくと役に立つ。

多様な合意案を出す

相手方の代理人が交渉の余地を広げようとしない場合、ジャニスは何とか合意可能な条件を見つけて、双方の利益になり、自分にとって願ってもない内容の提案を考え出す必要があるだろう。ためらわずに、複数の提案や条件を交渉のテーブルに載せるべきである（自分にとって受け入れ可能な提案にすることを忘れてはならない）。こうすると、相手方の代理人はジャニスの提案について依頼主と相談せざるを得なくなる。

あなたが代理人をとおして相手方との合意に達した場合、最終決定権は自分にあることを代理人に念押ししよう。代理人は、最終決定権がなくても十分に、付加価値を生み出したり、あなたの得になる条件を考案したりすることができるはずだ。もっとも、より大きな権限を求める代理人はこれに反論するかもしれないが。

なお、契約を結ぶ段階になったら、それまでの交渉はほとんど代理人が行ってきたとしても、**相手方とじかに会う機会**を遠慮せずに求めよう。代理人にも同席してもらえばよい。

プロの代理人は交渉を複雑にしてしまう恐れもある。しかし彼らの助けを借りると、未知の分野の交渉で合意可能な条件を考えて、有利な契約を導き出せる可能性が高まるだろう。**代理**

人の利害は依頼者の利害と完全には一致しないことを、ぜひ忘れないでほしい。

まとめ

代理人をうまく活用するには

・候補者の評判をじっくり調べる
・責任範囲を明確にする
・成果連動型の報酬体系にする
・相手方の代理人の役割を探る
・相手方の代理人を味方に付けて、その責任と権限を摑む
・多様な合意案を示す

自分の代理人と協力して慎重に合意案を作成し、相手方の代理人の課題が何であるかに注意を払い続ければ、ジャニスはＪＶからそれ相応の利益を得られるような合意に辿り着けるはずである。

多数決は理想的なやり方ではない

一緒に仕事をするチーム内での意思決定を考えてみると、一般にはリーダーが、(往々にして他のメンバーの同意のもとで)目標とスケジュールを決め、誰が会議に出席すべきかを指示する。話し合いが終わったら、何らかの形で多数決を採る。最終的にはお偉いさんの鶴の一声が優先されるかもしれないが、たいていは多数決でものごとが決まる。だが、できるだけ大きな付加価値を生もうとする場合、これは理想的なやり方ではない。

たいていのチームは議事規則すべてに忠実に従うわけではないが、ほとんどの場合は、少なくとも(1)動議を出して非公式に賛意を示す、(2)最終決定は多数決による、という二つの議事規則には従う傾向がある。このような手順は必ずしも、価値を生み出す可能性を最大限にするわけではない。経営トップが、何が望ましい結果であるかをわかっているなら、わざわざ作業チームを設けたりしないだろう。従ってチームは、**付加価値を創造するチャンスを探るために、あらゆる努力を払う**べきである。そのためには往々にして、従来とは異なる意思決定プロセスが求められる。

投票を行うと工夫の余地がなくなってしまう場合であっても、意思決定の主な方法として投票や多数決に頼るのは、いったいなぜだろうか。一つには、**少数の人々に牛耳られるのを防ぐことにより、公平感が得られる**だろう、という考えからである。二つめとして、**確固とした決断**につながる。期限が迫っている場合、投票を行えば話し合いに決着を付けることができる。最後に、多数決をもとに「この提案は反対者より支持者のほうが多い」と言えば、決定内容に正当性を持たせることができる、とされる。

とはいえ、多数決ルールには大きな問題がある。全員にできるかぎり大きな価値をもたらすことよりも、多数決を制するのに必要な支持を集めることを重視するようになるのだ。この結果、**多数決を採ると必ずといってよいほど少数派が不満を抱く**ため、これが一定の波乱要因になる。シンプレックス（仮称）という多国籍企業は、どの事業部が使っている会計ソフトウェアを全社統一ソフトウェアにすべきかをめぐり、議論に1年を費やした。作業チームのメンバー8人は、「自分の事業部のソフトウェアが採用されれば、システム変更への対応にあまり時間を使わなくてよいはずだ」という考えから、ほぼ1年の間、現在使っているソフトウェアを推薦することに明け暮れた。最も古い事業部が最も説得力のある議論を展開し、多数決によって自分達の意思をとおした。不満を持った少数派は、これは好ましくない判断だということを示そうとして、妨害や撤回要求の機会を待った。

大勢が関係する意思決定で重要なのは、できるだけ多くのグループの最も大きな利害に応えるような判断をすることである。つまり、より大きな価値を創造して抵抗者を納得させるために、いっそうの努力が必要とされる場合が多い。

■多数決よりよい方法がある

たいていの人は、単純な多数決よりも優れた合意形成プロセスがあるはずだと、漠然とながらもわかっている。そのようなプロセスは当然、**多数決の横暴を避けて、チームによる意思決定の正当性を高める**ものだ。

合意形成は当事者ほぼ全員を一斉に、交渉条件の詰めの段階へと引き込む。そのためには、利害関係者の全員一致を目指すことが欠かせない。**交渉をとおしてできるかぎり全員一致に近い結論を引き出す**のである。組織全体を勝利へと導くわけだ。単に全員参加を実現するだけでなく、これ以上ないほど幅広い合意を可能にする。かろうじて多数の賛成を確保するのとはわけが違う。

以下では、合意形成プロセスを段階を追って説明し、それがグループ内でどうよりよい意思決定に役立つかを示す。ウィン・ウィン型交渉で相手より優位に立つために貢献したいなら、意思決定の方法として多数決ではなく合意形成を推すとよい。たとえ「自分は多数派の一角を占めて交渉を制することができる」と思っても、少数派の不満分子が自分達のニーズに沿わない決定を覆そうとして、凄まじい時間とエネルギーを費やす可能性があることを忘れてはいけない。これはシンプレックスの事例で見たとおりである。

■合意形成の5つのステップ

ベストケアという小さな医療サービス会社の事例を考えてほしい。ベストケアは新たな規制に対応しようとするなかで、業務方法、特に、パートタイムのコンサルタントの雇用方法と報酬体系に、いくつもの変更を加える必要性に気づいた。最高経営責任者（CEO）、法務担当役員、最高財務責任者（CFO）、人事担当ディレクターはみな、数カ月以内に何をすべきかを十分に心得ていた。5人の特別チームを発足させ、新しい法律や規制を遵守するための体制をどう築くべきか、検討するよう命じた。特別チームには、財務、法務、人材開発、セールス、マーケティング各部門から知識と経験が最も豊富な人材が集められた。各メンバーは直属の上司から、「変更案はすべて、上役が受け入れるような内容にしてくれ」とはっきり指示を受けていた。最初の数回のミーティングでは、何をいつまでに成し遂げるのか、どういった戦略をもとにどれだけのコストをかけるかについて、考えが実にまちまちであることが判明した。このほかにも合意形成が困難だと思われる理由があった。CEOが法務部のブラッドを特別チームのリーダーに指名したことに、メンバーの大半が不満を持っていたのである。

このチームの事例に沿って、合意形成の五つのステップを見ていきたい。

ステップ1：チームの招集

CEOはチームの招集者として、何をすべきか、誰を参加させるべきかを指示し、問題解決型の話し合いに必要なリソースを提供する責任を負う。

合意形成を目指す際にチームの招集者はしばしば、**中立的な立場のファシリテーターを社内から探して、利害のありそうな人々の意見を聞きながら話し合いの主導権を取らせる。**ベストケアの事例では、CEOがチームリーダーに据えたのはブラッドだった。ブラッドは決して中立的な立場ではない。その彼が指名されたのは、確実に仕事をやり遂げるためだった。他方、何をすべきかを見極めるには、新しい法律やこれから導入される規制が事業運営の各側面に与えるいくつもの影響を考慮しなくてはならなかった。これには、各部門の専門的な働きについての深い理解が求められた。変革を円滑に進めるには、関係者全員を説得する必要もあるはずだった。

ブラッドが「特別チームは、何をしなければならないかに関して、法務部門の判断を尊重するつもりがない」と法務担当役員に報告すると、熟練したファシリテーターを雇うようにという指示があった。ファシリテーターを介して、特別チームのメンバーだけでなく、社内の何十人もの人々に密かにインタビューを行い、パートタイム・コンサルタントの活用は新しい法律や規制に反する可能性があることを詳しく説明させようというのだ。コンサルティング業務のためにフルタイム従業員を雇わなくてはならない場合、財務や事業計画に実にさまざまな影響が及ぶと考えられた。ファシリテーターは数週間でインタビューを終えると、その内容をもとに、新しい法律に従うためのさまざまな方法と、それらについての賛否両論を資料にまとめた。インタビューの協力者全員に資料を渡して意見をもらい、修正を加えた後、ファシリテーターはブラッドに協力して、具体的な課題、スケジュール、基本ルール、二人の追加メンバー候補を決めた。CEOはすぐにこの提案を受け入れた。

ステップ2：責任の明確化

ステップ1を終えたら、特別チーム内で誰がどういった責任を果たすかをはっきりさせることが重要である。チームを統括するのは当然ブラッドだが、彼はミーティングの進行を誰かに任せようとするかもしれない。

これは、合意形成が一般の多数決と大きく異なる点である。全員一致に近い合意に辿り着くには、**「自分だけでなく、交渉に参加する全員のニーズに合う提案を作成する責任がある」**とすべての関係者に自覚させるしかない。多数決で何かを決める場合は、ミーティングよりもそれ以外の場での多数派工作に時間を費やすだろう。そして、多数を味方につけた後は、他の人々の意見など気にかけないだろう。ところが、少数派の懸念を無視したのでは、たとえ多数決を制したとしても、喜びは束の間で終わるかもしれない。このため目標とすべきは、チームメンバー全員が「他のみんなと自社にとって好ましく、自分達にとっては願ってもない」というような結果につながるよう、問題解決を進めることである。

合意形成のプロセスでは、**「他の人々の目標達成を助けないかぎり、自分の目標を達成できない」**と、全員が自覚している。特別チームの仕事には、できるだけ大きな価値を生み、ベストケア全社の利益（これを決めるのはCEO以下の経営陣である）に適う成果を出すよう努め、すべての部門が喜んで受け入れる結果をもたらすことが求められる。

リーダーであれファシリテーターであれ、ミーティングの進行役はチームでの問題解決手法に熟達していなくてはならない。書記を指名して、チームの仕事の中身が記録に残るよう、その時々の合意の要点をまとめさせるのが望ましい。このほか、仕事を進めるうえでの基本ルールをはっきり定め、メンバー全員がそれに賛成する必要がある。

ベストケアのファシリテーターは、以下のような基本ルールを提案した。**「われわれのチー**

ムは全員一致を目指すが、参加者全員の懸念に応えるためにあらゆる努力を払った後は、圧倒的多数の合意があればそれでよしとする」

ステップ3：検討とブレインストーミング

合意形成を目指すうえでは、共同での事実調査から得られた最も優れた情報にもとづき、しかも、全員の気がかりに応えるための多様な方法を用いながら、討論を進めることが大事である。目標は、関係者の基本的な利益すべてを可能なかぎり満たすことだ、と言ってよいだろう。**ブレインストーミングをとおして、付加価値を創造するさまざまなアイデアを出し合う**と、十分な情報をもとに合意にいたる可能性が高まる。このような合意こそ、ベストケア全体と各部門の両方にとって、より望ましい結果をもたらすためのカギである。各当事者はこのような発想に沿って、自分達の取り分をどう要求するかを考えなくてはならない。

ベストケアの特別チームは、最初の数回のミーティングで、パートタイムのコンサルタントをめぐる問題についてブレインストーミングを行った。各チームメンバーが、現在のやり方が自分達にとって都合のよい理由を説明した。パートタイムであれば、地域ごとの需要の増減や必要な専門性の変化に合わせて、人数を調整しやすいが、給料制のフルタイム・コンサルタントに切り替えるとなると、財務、法務、採用、日常業務に好ましくない影響が及ぶだろう。マネジャーを追加採用する必要も生じるかもしれない。研修費用もかさむと考えられる。指揮命令系統もこれまでどおりというわけにはいきそうもない。これらの変更しだいでは、マーケティング部門やセールス部門はサービス内容を改める必要に迫られるかもしれない。

変更の必要が最も少ない、もしくは小さい部門は、「自分達の勝ちだ」と考えるだろう。しかし、全社と各部門、両方の利害に最大限に沿うためには、あらゆる点で大々的な変更が欠かせない。最も大きな変更を迫られる部門にヒト、モノ、カネを注ぎ込むと、全員の当てが外れかねない。「最小限の変更で済ますことができれば成功だ」という考え方を捨てて、各部門にとって望ましいチャンスを新たに切り開くには、**成功の定義をがらりと変える**とよいかもしれない。

ステップ4：意思決定

合意形成を目指す場合、多数決とは違って簡単には結論が出ない。むしろ、全員の利益に沿うように、条件をあれこれ追加していくことになる。理想は全員一致だが、圧倒的多数の賛成を得られれば十分である。全員一致が不可能な場合、各人は当然、「勝ち組」に属したいと考えるだろう。

特別チームのリーダーは、個々の提案内容を取りまとめることによって、意思決定に向けて前進していく。「この案を受け入れられない人はいますか」とみんなに問いかけて、誰かが「受け入れられない」と答えたら、その人に、他者の利益を損なわない範囲で改善案を出させるのである。

やがてファシリテーターは、リーダーが「自分が責任を持つ」と思えるような提案書を作成する。それを受けてメンバーは、所属部門に提案書を持ち帰って意見を求める。CEOへの最終報告書には、各部門の業務方法を大胆に変更する案が盛り込まれるかもしれない。特に、新しい方法への移行期には、変更は大きなものになるのではないだろうか。

最終ミーティングでは、ブラッドかファシリテーターのどちらかが、提案書を受け入れ可能かどうか、各メンバーに確かめる。**最終的な詰めの段階では、未解決の課題にほぼ洩れなく対処する。**提案内容をいっそうよくするためのアイデアを誰も考えつかなくなったら、仕事は完了と判断される。一人のメンバーが、「他部門の意見や懸念にはすべて対応済みであるのに、自分の所属部門の業務方法には対応してもらっていない」として署名を拒否した。他のメンバーは署名を済ませ、提案内容の実行に努めると約束する。

こうしてブラッドは、「特別チームは一人を除いて全員が合意しました」と言って最終報告書をCEOに提出した。そこには、同意しなかった部門の懸念も記されていた。同意の署名をした人々は、「自分達の勝利だ」と受け止めた。

ステップ5：決定内容の実行

特別チームの仕事は、実はまだ完全には終わっていない。合意を形成した後は、その中身を実行しなくてはならないのだ。定期的に集まって、何か問題が生じたらそれを解決する必要がある。

仮に、ベストケアが大勢の経験豊富なコンサルタントを解雇し、新たにフルタイムの人材を採用しようとして、問題が持ち上がったとしよう。ブラッドは、決定内容の実行を諦めるのではなく、特別チームのメンバーを集めて、新たな問題への対処法についてブレインストーミングをするかもしれない。誰かが実行状況に目を光らせ、新しい業務手順が運用にこぎつけた後はその微調整をしなくてはならないが、この仕事に最適なのは特別チームである。

■合意形成はよりよい結果を生む

合意形成は、全員の知識やスキルを活かす方法である。剛腕リーダーやかろうじて多数を制した人々の手で決定をゴリ押しするのではない。利害関係のない中立的なファシリテーターのもと、問題解決のための話し合いをするのである。しかも、ほぼ全員による合意が欠かせないため、厳しい状況においても、誰もが優れた解決策を探すインセンティブを失わない。

チームの一般的なやり方は、多数派の意向を汲み取るか、さらに悪くすると、上から押し付けられた解決策に従うというものである。仮に、多数の支持があっても、「これでよい」という納得が得られないとか、うまく実行できない場合には、合意形成が最も望ましい手法である。ブラッドのような人々がリーダーの役割を担うと、最高の仕事をしようとするのではなく、もっぱら仕事を終わらせることに努力を集中する。リーダーの多くは、部下たちの創意工夫をいかに最大限に引き出すかよりも、彼らをどううまく管理するかに関心を寄せる。

まとめ

多数決に頼らず合意を形成しよう

- チームの招集
- 責任の明確化
- ファシリテーターの活用
- 検討とブレインストーミング
- ほぼ全員による合意

多数決から合意形成へと意思決定の手法を切り換えるには、みんなに合意形成の手法を学んでもらう必要があるため、一朝一夕にはできない。社員に研修を施すか、専門家を外部から雇うかして、ファシリテーションの能力を磨くことも求められるかもしれない。このような努力や費用を払っても、長い目で見れば、よりよい意思決定ができ、社員、顧客、利害関係者の満足度が高まるため、元が取れる。ウィン・ウィン型交渉で勝利するには、合意形成への努力が不可欠である。

第3章

「想定外」を想定せよ

——相手よりも多くを手に入れるために、
条件提示を行う

予期せぬ出来事に対処する即興の技術

ピアノの前に座る時も交渉のテーブルに就く時も、予期せぬ出来事への心構えをしよう。交渉に秀でた人は、予期せぬ瞬間をチャンスに変えて、価値や意義あるものを生み出す術を心得ている。ジャズミュージシャンが長い時間をかけて自然な即興を身に付けるのと同じように、交渉者も臨機応変に対応する力を向上させれば、具体的な条件を詰める段階へと交渉を持ち込み、相手よりも多くのものを手に入れる機会を増やせるだろう。

ハーバード・ロースクールの交渉学講座では、音楽、演劇、精神分析といった分野の即興や臨機応変な対応を研究しており、私の同僚、ラクシュミ・バラチャンドラとマイケル・ウィーラーは、交渉の詰めの段階で役立つ教訓をいくつか引き出した。これまでの研究の要点は、即興力、つまり、注意力、柔軟性、そして予期せぬ出来事を味方につけようとする意思を身に付ければ、ビジネスの交渉に有利だということである。

本章では、いずれ起こりそうだが正確な時期は予測できないような出来事に対処するための、**「条件付きの合意」**をも取り上げる。

■交渉相手の本音を読み取る

ジャズの即興演奏を鮮やかにこなすには、バンドのメンバー全員がコード変化とテンポだけでなく、自分以外のメンバーのノリにも神経を研ぎ澄ましていなければならない。誰かがソロの途中でマイナーに転調したら、残り全員も素早く同調するのだ。即興喜劇でもやはり、相方の「ツッコミ」を無条件に受け入れるのが重要なルールとなっている。

ビジネス交渉も同様である。どのような想定で初回の交渉に臨むとしても、じっと耳を澄まして、想定どおりの展開かどうかを見極めなければならない。例えば、大都市の商業用不動産に狙いをつけて、購入を考えているとしよう。ざっくばらんな会話のなかで、所有者の一人から購入申込みを促された。そこであなたは相手の代理人と会うことにし、典型的な不動産売買交渉を想定して、物件の市場価値の見極め、開発動向の予測、支払い意思の確認など、入念に準備をする。

そして、待ち望んだ当日。あなたは初対面の挨拶もそこそこに、売却希望額を尋ねる。すると、交渉相手の顔から微笑みが消えた。彼女の口から出たのは、「売るつもりはありません」という予想もしなかった言葉である。

不意打ちに遭ったあなたは、「先方は強硬姿勢に出ているのだろうか」と考え込む。それとも、物件の適正価値を測りかねて、自分から低すぎる希望額を申し出てしまうのを恐れているのだろうか――。あなたは下調べの結果をもとに、想定した買値よりかなり低い金額を提示して先手を打つ。

「先ほど申し上げたとおり、この物件を売るつもりはありません」と先方は繰り返す。

「どういうことですか」。あなたは戸惑いと苛立ちを感じる。「ジョーから、売却の意向をお持ちだと聞きました。希望額が念頭にあるはずです」

相手は張り詰めた声で「いいえ、本当にないのです」と言う。

打ち解けない頑なな様子からは、完全な拒絶とは違う何かが感じられる。**席を立つべきか。提示額を引き上げるべきか。あるいは、もっと探りを入れるべきか……。**あなたは三つめの選択肢を選ぶ。「ビジネスパートナーになったつもりでお話ししましょう。この物件について長期的にはどのようなプランをお持ちですか。目的達成へのお手伝いができるかもしれません」

相手はたちどころに態度を和らげる。肩の力を抜き、笑顔を取り戻すと、こう言う。「実のところ、私どもでは再開発のほうがはるかに得策だと判断したのです。近隣の区画にホテルが建つようですので、この物件は当面は保有することにしました」

あなたは、言葉や声のトーン、身振り手振り、表情などから相手の本音を読み取り、当意即妙な対応を続ける。「パートナーシップを組むのはいかがでしょう。再開発計画をまとめるお手伝いもできます。共同経営者とはまだ相談していませんが、かなりの資金を融通できる可能性もあります」

一般的な交渉理論は、価値創出に向けたブレインストーミングの重要性に力点を置いているが、即興に関する研究からは、もう一つステップを加えるとよいといえる。つまり、価値を生み出すために、既成概念にとらわれない発想をするだけでなく、**交渉相手の雰囲気、態度、身振り手振りや表情に常に気を配る**のだ。自分と相手のために最大限の価値やチャンスを引き出すために、その場で質問を考えて、相手の反応に注意深く耳を傾けよう。まったく新しい機会を見つけ出したら成功と言える。注意力を研ぎ澄ます練習をするとよい。交渉中、相手は言葉以外にも絶えず何らかのメッセージを発している。中身の濃い準備をしっかり行い、十分に自信を持っていれば、意識を集中して相手からのメッセージを受け止めることができる。

■あらかじめ用意した戦術を捨てる

あなたは交渉相手の意図を熱心に読み取ろうとし、関心事を探るための問いも投げかけた。交渉を臨機応変にこなしていくための次なるステップは、あらかじめ用意した戦術を捨てて、その場その場で新しい戦術を考え出すことだ。状況に即応するには機転が求められる。ミュージシャンやパフォーマーと同じく交渉者も、いつでもごく自然に機転を繰り出す人もいれば、予想外の展開になかなか付いていけない人もいる。

私が関わった、ペインキラーズ社の交渉を例に取ろう。製薬会社のペインキラーズは、前立腺がんの治療に極めて有効な値の張る薬品を、退役軍人病院（VA）の薬局に長年にわたって納品していた。しかし、すでに特許が切れ、ジェネリック薬が近々発売になる見通しだった。市場シェアを維持するためにペインキラーズのセールスチームは、「ジェネリック薬の効能に疑問を呈することにしよう。そうすれば、顧客をもう1年はつなぎ止められるのではないか」と考えた。

以下は、薬局長とセールス担当者との会話の一部である。

薬局長「ジェネリック薬の相場以上の価格を支払う理由はありません」

セールス担当者「お気をつけください。ジェネリック薬が十分に効果を発揮する確証はありません。そのようなリスクを本当に取るおつもりですか」

薬局長「何が言いたいのですか」

セールス担当者「最低でも今後3年間、弊社の製品だけを使うとお約束くだされば、現行価格を50％値引きさせていただきます」

薬局長「そう言われてもねぇ。依然としてコストはジェネリック薬の約2倍ですよ」

セールス担当者「あるいは、2年契約で30％の値引きも可能ですが」

薬局長「無理です。できるかぎり低い価格でジェネリック薬を購入しなければ、諮問委員会から非難されてしまいます」

こうして、ペインキラーズのセールス担当者は、どうにもこうにも最初の作戦を諦めざるを得なくなった。複数年契約と引き替えに値引きを行う案は通用しない。そこで即座に、まったく違う提案を出す。

セールス担当者「一括契約はいかがですか。今後3年間、現行価格の半額で引き続き弊社の前立腺がん治療薬をお買い上げくだされば、来年1年間、他のご注文を一律10％値引きさせていただきます」

薬局長「御社から購入する他の薬品すべてを値引きすると？」

セールス担当者「そうです。これが昨年のご購入リストです。前立腺がん薬を半額で3年間お買い上げいただけば、リスト上の全薬品を10％値引きさせていただきますが」

薬局長「なるほど、そういうことなら、御社から引き続き前立腺がん薬を購入することを、諮問委員会にも納得してもらえるかもしれません」

ペインキラーズのセールス担当者は、この病院が自社製品を大量購入している実績を考慮することにより、まったく新しい一括契約を提案できた。成功の秘訣は、入念に練られた提案を捨てて、**「もし～なら」という条件付き提案を示して勝負に出た**ことである。

交渉条件については多くの企業が、法務部門や財務部門などから事前に承認を得るよう義務づけている。このような縛りがあると、よりよい代案を当意即妙に探るわけにはいかない。交渉の場で新しい選択肢を探る許可を、何とかして得よう。上司に頼んで、相手への確約は避けるという条件のもと、交渉のテーブルで画期的な提案をブレインストーミングする裁量を与えてもらうのだ。提案内容については、会社に戻ってから承認を得ればよいようにしてほしい、と。条件付きの提案は、社内で事前に話し合って決めた枠組みにはっきり沿っていなくてはならない。また、常に条件付きで行い、何らかの契約を結ぶ前には必ず、両当事者がその条件について社内で最終承認を得るようにすべきである。

■「サプライズ」をいくつか用意する

ビジネス交渉の場では、開口一番、互いに相手を威圧しようとする光景がよく見られる。以下に示すのは、事業パートナーになる可能性のある二者間で交わされがちな会話である。

「将来の利益の90%を私の取り分にすると認めていただかないかぎり、話し合いを続ける意味はありません。私はそれだけもらって当然です。これまでに多大な時間とコストを費やしましたからね」

「あなたが90%で私が10%？　ご冗談を。私は最低でも60%もらわなければ納得しません」

こうして、互いに一歩も引かない激闘が始まるわけである。

しかし、後者がこのように応じたらどうなっていただろうか。「もしかしたら、90%が適切なのかもしれません。ですが、もっと多くの価値を生み出してから、最終決定すればよいのではないでしょうか。双方に大満足をもたらしそうなアイデアがあります。利益を2~3倍に増やす方法をご説明すれば、私が付加価値の大半を得るべきだと、納得いただけるでしょう」

こちらが、勝つか負けるかという姿勢を捨てて、力を合わせて価値を創造しようとすると、強硬な姿勢の交渉相手はたいてい面食らうだろう。すると、不意を衝いた側は、自分の要求を持ち出すチャンスを得る。**時として、交渉の内容とはまったくといってよいほど無関係のサプライズが、強烈なパンチになる。**仮にあなたが、交渉相手がご機嫌ナナメなことに気づいたとしよう。そんな場合は、のっけから出された理不尽な提案を軽く受け流して、別の話題を持ち出してはどうだろう。例えば、「いつものあなたらしくないですね。今回の交渉とはほとんど関係ないようですが、困りごとについて話を伺いましょうか」などと。初めは、下心があるのではないかと疑われる可能性が高いだろう。相手が悩みを打ち明ける保証もない。だが、相手を心から気遣う姿勢を示せば、少なくとも雰囲気を和らげることはできるはずだ。

私達がインタビューや観察の対象にしたジャズの即興奏者たちによれば、アンサンブルの誰かが意外な行動を取ると、面白味、ワクワク感、充足感を伴う素晴らしい演奏を、全員の手で実現できる場合が多いという。同じように、交渉の場でもサプライズを演出してみよう。それを一時的な脱線にとどめるかぎりは、きっと、行き詰まりを打開して話し合いを前に進められるだろう。

交渉に臨む時はあらかじめ、サプライズの計画をいくつか温めておこう。そして、予想外の言葉や質問に対して相手が示しそうな反応と、自分の受け答えを、何人かの同僚に手伝ってもらってロールプレイングをするのである。「サプライズを計画する」などというのは矛盾に思えるかもしれない。だが、一流パフォーマーに言わせると、彼らは舞台で使えそうな突拍子もない芸当や、相方からサプライズを仕掛けられた時の返し技を、常に用意しておくのだという。即興パフォーマンスを成功させるには遊び心も必要だという。あえて阿呆を演じたり、気楽に構えて未知の冒険をしたりするのである。

ウィン・ウィン型の交渉で勝つには、筋書きから外れることを恐れない勇気と、一般に考えられているよりはるかに多くのアドリブが必要なのかもしれない。アドリブの重要性は、どんな証拠を示されても信念を曲げそうにない、超のつく頑固者と話さなければならない状況を考えると、さらにわかりやすい。そのような人と話すと、たいてい最後は怒鳴り合いになり、成果はほとんど得られない。他方、気候変動のような**意見の分かれるテーマについて、原因を突き詰めないまま、実り多い話し合いを持つのは十分に可能である。**

気候変動を疑う人々との話し合い

「気候変動を疑う人々とはどう話し合えばよいのですか」。私は以前、こうアドバイスを求める学生と地域住民に埋め尽くされたハーバード大学の会場で、講演をした。学生達は、感謝祭を祝うための帰省を控えていた。帰省先の家族や友人の中には、地球温暖化を信じていなかったり、温暖化自体は認めても、最近の気温の変化は人間ではなく自然が原因だと考えたりする人達もいる。そこで学生達は、彼らとどう話し合えばよいのかヒントを探していた。

講演会ではまず、地元ラジオ局のトーク番組でホスト役を務める、筋金入りの気候変動懐疑論者から話を聞いた。彼はきっぱりと言い放った。曰く、自分はアル・ゴアを信用していない。科学者の見解というものは、およそあらゆることに関して割れるものだ。科学とはそういうものである。気候変動が、周期的な自然現象ではなく人間の活動に起因すると信じている人は、騙されているのだ――。

私はまず、相手の考えを変えようとするのはおそらく間違いであり、建設的な対話には決してつながらないはずだ、という点をはっきりさせようと試みた。むしろ、**たとえ信念や理解の深さが根本的に異なっていても、意見の共有、相互理解の促進、合意機会の探索を、対話の目的に据えるべき**だろう、と。この私の提案を、会場の学生の多くは受け入れ難いと受け止めた。彼らにしてみれば、温室効果ガスの増大がもたらす脅威はあまりに恐ろしいため、温暖化を信じない人々を説得して、間違いを認めさせずにはいられないのである。

学生達は、大気科学者の多数が正しいと考える中身をそのまま伝えて、適否を振り返ろうとする。大気の温度は上昇しており、それは温室効果ガス、とりわけ二酸化炭素とメタンの増加に起因している。温室効果ガスの増加は人間の活動、中でも化石燃料の燃焼を原因とする。やがては世界中で大惨事が起きるだろう。海面が上昇すれば、発展途上諸国の沿岸を中心に、広い地域が水没する。暴風雨の威力が増せば、悲惨な洪水が起こり、巨大ハリケーンによる被害も生じる。一部の地域で干ばつが頻発し、猛暑日が増えれば、大量の環境避難民が生まれる恐れもある。空気感染による病気の広がりが加速する。そして、海や陸のさまざまな生物とその生息環境に取り返しのつかないダメージが及ぶのだ——。

私と一緒に登壇していた懐疑論者は、そのようなことが起きるのかどうかも、起きるとしたらいつどこでかも、科学者は正確には予測できないはずだと指摘した（もっともな意見である）。彼はさらに、温暖化が実際に進んでいるとしても人間の活動によるところが大きいのか、あるいは自然現象にすぎないのか、確実には知りようがないとも言い張った。

私は彼の言葉を引き取って、その点は重要ではないだろうと述べた。そして、懐疑論者と有意義な話し合いをしたいと考える人々に向けて、**リスクを話題の中心に据える**よう勧めた。リスクとリスクマネジメントについて語り合うようにと。私は地震を例に挙げた。地震が起こるかどうか、時期や場所はどうかに関しては、確実に予測できなくても、いざ発生した場合に想定される深刻な悪影響を最小限に抑えるための措置を、真剣に検討することはできる。そして、新築物件を対象に、倒壊による人的被害を防ぐための建築基準を課せばよい。既存物件については、コストはかかるが耐震性の強化を図る手もある。地震の発生確率を引き下げる手立てはなさそうだが、実際に地震が起きたときに人命を救い、苦難と復興コストを減らすための措置は、緊急時救援活動の計画や訓練を含め、多数ある。

科学者の大半は、今後50年間で二酸化炭素等価物の排出量を100万分の350〜450まで減らさなければ、気候変動による悲惨極まりない影響を免れるのは不可能だろうと考えている。たとえこの見解が正しいとしても、今後30年間では、影響を緩和できるほど温室効果ガスの排出量を削減することはできないだろう。このテーマを研究する世界で何千人もの科学者の見解が正しい可能性を踏まえて、気候変動が実際に起きていると仮定し、その悲惨な影響を軽減する方策を探るのも一案である。あるいは、ほぼすべての人に寄与する立派な目的の達成にも役立つ行動を見つけたなら、それに反対する人などいるだろうか。

そこで私は、「適応」を軸に議論を組み立て直してはどうかと提案した。仮に化石燃料の使用をやめて、代わりに太陽光、風力、海洋波、バイオ燃料、淡水流のような無尽蔵のエネルギー源に移行できるとしよう。そうすれば、気候変動による悪影響の緩和のみならず、輸入原油・天然ガスへの依存の低下、健康被害の激減、大気・水質・土壌汚染による生態系へのダメージの極小化、国内の雇用増大までも実現できるかもしれない。気候変動が現実に起きているとしても、これだけの対応をすれば後悔せずに済むだろう。同様に、全世帯の節電、特にピーク時の節電を促進できれば、新しい発電所を建設する必要がなくなり、電気料金の引き下げと消費者負担の軽減が可能になる。

リスクを完全には予測できなくても、再生可能エネルギーへの移行は望ましい道筋だろう（特に、移行により短期的に損失を被る人がいた場合の補償を念頭に置いていれば）。気候変動のリスク要因をすべて考慮すれば、人類と環境に深刻なダメージが及ぶ可能性を最小限に抑え、経済発展と福祉向上を実現できるような、適応性の高い取り組みを考案できるはずである。

気候変動に懐疑的な人々や、何らかの信条に凝り固まった人々との対話においては、どのような社会、ビジネス上の課題が関係するにせよ、臨機応変な対応が求められる。よく知られる科学的事実に強く異を唱える人がいたら、反論、ましてや罵倒などしてはならない。むしろ、**状況にふさわしい思考実験**に誘おう。例えば、以下のように水を向けてはどうだろう。

・「大気中の温室効果ガスの増加を受けて地球の気温が上昇を続けており、それが引き金となって、危険で犠牲の大きいさまざまな結果が生じる可能性について、あなたがどう考えておられるかはわかりません。ですが、一緒にブレインストーミングをしませんか。最悪の事態が引き起こすダメージを抑え、その他にも多数の恩恵をもたらすような、費用対効果の高い方法について語り合いましょう」

・都市部の緊急時対応を改善すれば、ニューオーリンズ、あるいはニューヨークからニュージャージーにかけての地域で発生したような洪水が、従来よりも頻繁に起きた場合に役立つだろう（気候変動の影響として、暴風雨の威力が増すことが予想されている）。これは、あらゆる天災や人災への対応にも寄与する。緊急時対応の見直しと訓練に関しては、ほとんどの都市において、今よりも少ないコストでより多くの取り組みが可能なはずである。

・公共交通や廃水処理など、莫大な費用のかかる自治体インフラへの投資はおそらく、海面の上昇、淡水湿地への海水の流入、暴風雨の威力増大などの可能性をよりよく考慮したうえで行うべきである。気候変動リスクを熟考しなかったばかりに、インフラ債券を発行して調達した資金を、当のインフラが使えなくなった後も延々と返済しなければならないのは、馬鹿げているだろう。気候変動リスクを考慮してインフラ整備計画を立てれば、より安全な立地や最新の設計を選ぶことができるだろう。

・猛暑日が増える可能性を考慮すると、エアコンを持たない人々の命を守るために、公営住宅や高齢者向け住宅にどのような改善を施せるだろう。公営住宅の各戸を涼しく保つことを念頭に設計、改装を行ったり、植栽を施したりする方法があるはずだ。冷房のきいた公共施設を指定し、猛暑の時期に体の不自由な人の送迎を行うことも可能なはずである。多くの人命が救われるだろう。これらの取り組みは、過去10年間で猛暑日が増えた原因が気候変動であると確信しているかどうかにかかわらず、検討に値する。シカゴでは何年か前に、「ヒートアイランド現象」を原因とする死者が出た。

懐疑論者との間で即席の対話やブレインストーミングを行うときは、**「はい」「いいえ」で答えられる質問は避け、「いつ」「どこで」「どのように」を聞き出そう。**例えば、「どうすれば、特定のリスクを低減させると同時に、他の有意義な目標を達成できるだろうか」「手元に情報があり、後から公開討論を行えば金銭以外を含むあらゆるコストと便益を検討できる場合、どのような選択肢があるだろうか」などと。気候変動の科学をめぐって意見がまったく異なる人々も、気候変動リスクを減らすための措置が、自分達の重視する目標の達成にも同時に役立つなら、賛成してくれるかもしれない。

このような議論を個人的なものと片づけずに、すべての人の信条を尊重するような結果を出すことに専念しよう。自分と意見が違う人に対しても、感じのよい話し方をしよう。「科学的に見て事実Aは正しいのだから、誰もが行動1を取るべきだということに、あなたも同意しなければなりません」などと言い放って、相手を追い詰めるのはやめよう。「(ウェブ上で探せば)事実Aに異論を唱える人もいるはずだ」といった類の反論を誘うだけだろう。しかも、事実Aは正しいと同意する人が、行動1だけが取るべき行動だという点にも同意するとは限らない。そこで、代わりにこんなふうに問いかけてはどうだろう。「事実Aが正しいかどうかはいったん忘れましょう。Aを必ずしも事実と受け止めない人々が、理由はどうあれ、実行する価値があると提案するのはどういった行動でしょうか」

注意力、機転、遊び心、予期せぬ展開を活かす能力はみな、気候変動を疑う人々や意見の違う相手との対話や交渉に役立つ貴重なものである。私の同僚マイケル・ウィーラーが指摘しているように、用意した筋書きにこだわりすぎると、交渉の余地を広げる方法を見つけたり、ウィン・ウィン型の交渉を制したりするのは難しい。アドリブは、相手にとって悪くなく、自分にとっては願ってもない合意を勝ち取るための、切り札かもしれない。

サプライズを避けたいなら、条件付き合意案を利用しよう

プレザントビューという町の役場は、民間の燃料油会社ハイエナジーと何年も前から取引関係にあり、次の契約更新を間近に控えている。町長は町民の多数から、暖房費を削減して増税を避けるよう圧力を受けている。燃料油の消費量は過去5年間ほぼ横ばいだが、コストは60％

近くも跳ね上がった。ハイエナジーの長年の顧客であるプレザントビューは、「価格急騰の直撃から守ってもらってもよいはずだ」と考えている。

町長は、契約期間中の納期と納入量を事前に取り決める代わりに、年間の値上げ率を10％以下にするよう、ハイエナジーに要求しようと思いついた。価格の上限が決まっていれば、町は燃料油予算の増加分を毎年一定以下に抑えることができる。購入量を保証する代わりに、契約単価がわずかに高くなる可能性もあるが、これは悪くない交換条件だろう。ハイエナジーはこれまで、自治体との間で上限価格の設定に同意したことはないが、取引先を失ったうえに評判が落ちるのを恐れて、最終的には町長の提案を受け入れる。

町長の提案は、条件付き合意案の一種である。将来の不確実性に伴うリスクを軽減するために、契約内容に「もし○○なら、××をする」というさまざまな約束を付加するのだ。**交渉者はおのおの、合意の前に必ず予測を立てたり、前提を置いたりしなくてはならない。**現状は今後も続くだろうか、それとも契約後に変わるのか。相手側は契約内容をきちんと果たすだろうか――。条件に応じた報償やペナルティを盛り込めば、約束を破られるリスクから身を守るばかりか、遵守の可能性を高めることができる。

条件を加えると、事業上の契約や各種の合意が必要以上に複雑になる、という意見もある。交渉が込み入ったものになるのは確かだが、わずかな備えをするだけで、コストを大きく上回るメリットが得られるはずだ。

■どんな場合に条件を付けるべきか？

条件付き合意を目指す理由は、合意内容に強制力を持たせる、技術をめぐる食い違いに対処する、難題が持ち上がっても再協議せずに済ます、将来的な訴訟の可能性を減らすなど、さまざまである。

強制力を持たせる

何を交渉するにせよ、予期せぬ出来事、つまり、需要、価格、法律、政策、技術革新など、互いの努力や失敗によらないさまざまな変化から身を守るための備えをしておくとよい。ありとあらゆる「不測の出来事」を明記して条件付き契約を結べば、強制力が生まれ、心強いだろう。予期せぬ出来事が起きた場合でも、再協議や再交渉をせずに契約を長く存続させることができる。

付帯条件があると、遵守へのインセンティブと不履行のペナルティが生じる場合が多い。プロスポーツ選手は所属チームのオーナーと交渉して、成績に応じたボーナス額を契約に盛り込む。

あなたが大金をかけて自宅の増築工事を発注する場合も、特定の期日までに工事を完了すれば、あらかじめ取り決めたボーナスを支払う、という条件を付けるかもしれない。自治体は不動産開発業者に対して、開発に伴う公共サービスの提供に必要な費用に相当する保証金の納付を求めることが多い。その場合、開発業者がすべての義務を果たさないかぎり、保証金の返還は行われない。

保険も、変化の絶えない状況で契約履行の可能性を高めるものであるから、条件付き合意の一種と見なせる。ハリケーンの被害を受けやすい地域で工場建設を要請された会社は、現地の自治体に対して、経済発展に貢献する代わりに、将来の災害から自社を守るような保険への加入を求めるかもしれない。

技術をめぐる食い違いに対処する

技術的な問題が原因で交渉が行き詰まる場合も多い。例えば、新たな製油所の建設許可を求める石油会社が、各種の環境破壊を最小限に抑える約束をしたとする。当然ながら地元住民は、製油所のオーナーが約束を守らないのではないか、規制当局が違反の有無をしっかり確かめないのではないか、などと心配するだろう。事故が起きたらどうなるのか。もしかするとこの会社は、環境対策を徹底するよりも、わずかな罰金を支払うほうを選ぶかもしれない。そのうえ、地元住民による非公式な観察結果や測定報告の有効性に疑問を投げかける可能性もある――。

付帯条件を設けると、このような食い違いを減らせる。この会社が製油所の安全性と環境対策に自信を持っているなら、住民の懸念に対処することに同意するはずだ。「善き隣人」としての務めを果たすという合意には、詳細なモニタリングと運転停止に関して、法律以上に厳しい規定が盛り込まれるかもしれない。石油会社はさらに、互いに外部の専門家を立てて争うような事態を避けるために、モニタリング技術に関する訓練とそのための資金を地元住民に提供するかもしれない。技術上の意見の相違は最終的に衝突につながる恐れもあるが、付帯条件を利用すれば、そのリスクを抑えられる。

会合の予定を立てておく

「相手側が契約を守っていないのではないか」と疑った当事者は、それについての話し合いを望むかもしれない。契約期間中に面会して進捗状況を確認する日取りをあらかじめ設定しておくと、バツの悪い再協議を避けられる。どちらかが契約違反を主張して協議を要求したような場合よりも、事前に取り決めた会合でのほうが、合同調査を実施して取るべき行動を明らかにすることで合意しやすい。

建設業界では、顧客と建設会社が、協力関係の維持、強化のために定期的な会合を設定する例が珍しくない。関係を深める努力をまったく行わないうちに問題が生じた場合、それも、訴訟合戦にまで発展した後は特に、誤解を解いて信頼を強めるのは非常に難しい。

訴訟を避ける

揉め事の最初の兆しが現れた時にできるだけ裁判沙汰を避けやすいように、詳しい紛争処理条項を契約書に盛り込むことを検討しよう。そのような条項では通常、中立的な第三者が何らかの違反の可能性について調査を完了するまで、両当事者は契約上の義務を果たし続けなければならないとされる。このような対策を講じなければ、恐れていた訴訟合戦が現実になりかねない。

私は、あなたが契約上の義務を果たしていないと思えば、その契約を一方的に破棄しようとするかもしれない。もちろん、私の勘違いが判明すれば、私の契約違反もあなたにとっては十分に契約破棄の理由になるだろう。

付帯条件にはこれだけメリットがあるのだから、真剣な交渉では必ず検討の対象にすべきだと思うかもしれない。現実には、付帯条件はまず検討されないのだが、次の四つのステップを踏めば、付帯条件付き合意への身内の抵抗を簡単に克服できる。

まとめ

付帯条件付きの合意

- 強制力を持たせる
- 技術をめぐる食い違いに対処する
- 会合の予定を立てておく
- 訴訟を避ける

警告を発する

交渉の際、「将来うまくいかなくなるのでは」という懸念があるなら、ためらわずに表明しよう。そして、想定される異変については、付帯条項で対処できると指摘するのである。悲観的だとか、トラブルを増やすのではないかと批判されたら、ひたすら懸念に焦点を当てて対抗するとよい。あるいは、自分は楽観的だ、あらゆる困難を乗り越えて存続可能な合意に辿り着けるはずだ、と主張するのだ。

合意が破られないよう努力をする

合意を守るインセンティブと破った場合のペナルティを盛り込めば、面倒でコストのかかる強制手段を取る必要なしに、全員が合意を守る可能性を高められる。インセンティブとペナルティをあらかじめ設けておけば、交渉ばかりか合意内容の実行もうまくいくだろう。

意見の相違を受け入れる

将来の見通しについて意見が一致しなくても、心配しなくてよい。付帯条件を設ければ、どちらの見通しのほうが正確かを議論する必要はなくなる。まず、相手側の想定にもとづくシナリオを作成しよう。次に、「こちらのほうが可能性が高い」とあなたが考えるシナリオを作成する。最後に、それぞれのシナリオに沿った期待内容と要求条件を詳しく書き出す。契約には両方のシナリオを反映させよう。こうすれば、双方にとって受け入れ可能な内容になるだろう。確かに契約は複雑になるが、それはちょっとした代償にすぎない。その時々でどちらのシナリオが有効かを判断する方法と、シナリオ転換の条件を詳しく決めておきさえすればよいのだ。

メリットを宣伝する

付帯条件をめぐる身内の抵抗を打ち破るには、契約や合意が複雑になっても、それに見合うだけのメリットがあると説明する必要があるだろう。複雑さを避けようとする法律や財務の専門家は、単に自分の務めを果たそうとして、念のため釘を刺しているにすぎない。このため、複数の条件付きシナリオを用意することによって厄介な状況を防げると説明すれば、簡潔さにこだわる人々の抵抗をはね返せる。付帯条件は、ウィン・ウィン型の交渉に勝利する近道である。あなたは、最も有望だと思うシナリオにもとづいて自分の望む条件を合意に盛り込み、相手はその条件を受け入れる。そして相手も、あなたから見ると当たりそうもないシナリオにもとづいて、自分の望む条件を盛り込む。こうしてあなたは、自分のシナリオが実現した暁には、戦わずして相手より大きな価値を手にすることになる。

技術などに関わる複雑な交渉に特有の問題とは？

付帯条項は、財務やソフトウェアなど、経営幹部が必ずしも詳しくない分野の専門的な課題の不確実性に対処するうえで、とりわけ有効かもしれない。新しい全社コンピュータ網の調達について交渉する場合も、特許技術の侵害の恐れに対処する場合も、あるいはソフトウェア会社からよりよい顧客サービスを引き出そうとする場合も、不確実性は避けられない。

複雑なシステムをめぐる交渉は、他の交渉とどのように異なるのだろうか。技術分野では、他の分野と比べて以下の四つの課題が持ち上がりがちである。

1　複雑さ

新技術のような複雑なシステムをめぐる交渉には、ハードウェアやソフトウェアに関する洗練された知識が必要とされるが、そのような専門知識を備えたマネジャーは少ない。科学技術に精通した人が、同席者にも同じレベルの知識があると思い込んでいると、深刻な誤解が生じかねない。技術アドバイザーはともすると、畑違いの人々には理解できない話をする。そして、技術に疎いマネジャーは、十分に理解しないまま中身に同意してしまう。

2　不確実性

複雑極まりないシステムに関しては、見込みどおりに稼働するかどうか、誰にも確信が持てない。特定の事業環境に合わせたシステムなら、なおさらである。性能や稼働見通しについての見方が分かれていると、交渉がダラダラと続きかねない。

3 エゴ

新技術の設計者や導入推進者も、自分達の利害が絡む場合は、交渉に乗り出してくることが多い。本来はすんなりいくはずの交渉も、技術の推進者たちと彼らのエゴのせいで、込み入ったものになりかねない。

4 組織変革

新技術の導入にはさまざまな組織変革が伴いがちであるため、導入途上で関係者間で衝突が起きる恐れがある。新技術のメンテナンスや修理、知的財産の利用、あるいは交換部品の入手に苦労する可能性もある。

ハイテク分野の交渉に携わる人は、以上のような落とし穴を避けるために確固とした方法を見つけなくてはならない。有用な方法は主に、**①コミュニケーションの行き違いを防いで信頼を築く、②条件付き合意により不確実性に対処する、③戦略的再編に備える、**の三つに絞られるようだ。詳しい説明に入る前に、エピソードを一つ紹介したい。

クレムテック社は、最先端のガラス、セラミック製品の開発・製造を手がけ、長年にわたり、イノベーションと収益の両面で業界リーダーと見なされてきた。ところが最近では、競争の激化を受けて収益が低下している。そこでCEOから上級マネジャー達に、確固とした市場や用途が見つかっていない技術からは手を引くよう、指示が出された。そのような技術は生産能力を無駄にするばかりか、取り扱い、輸送、顧客サポートなどにコストが嵩むからである。

先ごろ、競合のアドバンセラミックスからクレムテックに対して、ヘクシグラスという押出成形可能なガラス製品群（金型を使ってガラスを成形して作る製品群）を250万ドルで買収したいという提案があった。ヘクシグラスの製品は12種類、顧客は6社であり、12人の社員が製造と販売に携わっている。もし事業売却が実現しそうもないなら、アドバンセラミックスとしては2年間の製造技術ライセンス契約を結びたい意向である。

ヘクシグラスの製造を担う上級マネジャー3人に、この製品の将来について話し合うよう指示が出された。3人とは、特殊セラミック担当の製品マネジャー、研究開発（R＆D）担当副社長、工場長である。果たして、アドバンセラミックスの提案に応じるべきかどうかについては、意見が割れている。ヘクシグラスの発明者でもあるR＆D担当副社長は、この技術の売却に強く反対している。ヘクシグラスの製造をいったん中止するが、チームを解散せず新たな用途を試していれば需要は必ず急増する、というのである。

製品マネジャーは、アドバンセラミックスの提案に応じたい意向である。ヘクシグラスを売却すれば現金収入が入り、当面の生産性向上に寄与するだろう。それに、好条件の合意を勝ち取る手腕をＣＥＯにアピールできる――。

工場長はベテラン社員の解雇を避けたい腹である。ライセンス供与によって差し当たって現金収入を増やし、チームを現状のまま残しておきたい。そうすれば、Ｒ＆Ｄ担当副社長の見通しどおりに需要が急増した場合、ただちに生産を再開できる。なお、ライセンス契約に伴う知財リスクを法務部門が懸念しており、注意が必要である。

これは社内での交渉だが、技術交渉に特有の四つの問題はここにも当てはまる。これらの問題は、クレムテックとアドバンセラミックスの交渉でもいずれ浮上するはずだ。

第一の問題として、技術についての理解度の差が、売却、様子見、ライセンス供与という三つの選択肢をめぐる各人の立場に影響するだろう。

第二に、製品の長期的な需要にも、生産の一時中止が工場の効率向上につながるかどうかにも、不確実性がつきまとう。需要が本当に爆発的な拡大を示すなら、この技術を抱え込んでおくのも理に適っている。他方、Ｒ＆Ｄ担当副社長が見込み違いをしているなら、ヘクシグラス技術の売却チャンスは二度と訪れないかもしれない。

第三に、エゴが絡んでくる。Ｒ＆Ｄ担当副社長は、発明者ならではの思い入れのせいでメガネが曇っている可能性がある。同様に、製品マネジャーはＣＥＯに手腕を認められることを優先しているように見えるし、工場長はベテラン社員を失いたくない。

第四に、一時的にせよライセンス供与を行うと、スタッフの配置転換やアドバンセラミックスとの関係構築に伴い、予想外の組織再編を引き起こしかねない。アドバンセラミックスがヘクシグラス相当品を独自に発売しようものなら、クレムテックもさらなる変革を迫られるだろう。

以上のような込み入った状況のもと、３人はどのように交渉を進めるべきだろうか。以下に示す三つの戦略が有用だと考えられる。あなたが今後、技術関連その他の厄介な交渉に臨む際にも、これらの戦略が参考になるだろう。

■コミュニケーションの行き違いを防いで信頼を築く

技術絡みの交渉や取引は複雑なだけに誤解が生じやすい。交渉者は、技術の性能や将来的な需要について前提を置き、それに沿った主張をするうえ、都合のよい情報やメッセージしか受け入れない恐れがある。

交渉の本題に入る前に、手順についての基本ルールを明確にしておくと、この種のコミュニケーションの不備を防げる。クレムテックの３人は、次のようなルールに合意するかもしれない。**（１）自分の主張をひととおり述べる機会を全員が持つ。（２）その要旨をまとめて全員で確**

認した後、意見を述べ合う。（3）一定の基準に沿って各選択肢を吟味する。基本的なルールを決めておくと、理解が促されるばかりか、各自の主な心配に応えるよう工夫を凝らした合意に辿り着く可能性が高くなる。

クレムテックのマネジャー達は、互いをよりよく理解するために、他者の提案の根拠と自分の反対理由に関する情報を、できるかぎり探り出すべきである。そのためには、数多くの質問をして、答えに注意深く耳を傾けるのが一番だ。加えて、専門用語を使わずに平易な言葉で自分の意見を述べ、可能ならビジュアル資料で補足をするとよい。そして、他の二人の反応を見るだけでなく、意見に食い違いがあれば詳しい説明を求めるべきである。

特定のシステムを推す人は、たとえみずから設計したわけでなくても、その技術の欠点を見過ごしがちである。例えばR&D担当副社長は自尊心のせいで、自分の個性や評判を脅かしそうなメッセージに対してはどうしても身構えてしまい、素直に耳を傾けにくいかもしれない。発明者の思い込みを和らげるには、中立的な立場の専門家を招き、その技術の長所と短所を独自に評価してもらおう。財務分析も同様に、CEOからの高評価を望む製品マネジャーではなく、客観的な立場のコンサルタントに依頼してもよい。

複雑な技術のせいでコミュニケーションがうまくいかない恐れがあるなら、信頼を築く方法を重視することが重要になる。技術のような複雑なテーマをめぐる交渉では、予想外の提案に関するおのおの法務部門や上司の意見を確認しながら、何度も折衝を繰り返す例が多い。このような場合、どちらか一方が前回の提案内容を変更しようものなら、信頼がたちまち崩れかねない。では、信頼を築くにはどうすればよいかというと、要は、本音を話し、言行を一致させるのである。**悪い知らせは率直に伝え、守れる自信のない約束はしない**ことだ。いったん失ってしまったら、信頼を取り戻すのは至難の業である。

■複雑さと不確実性に対処する

交渉に入る前に、焦点の技術について可能なかぎり調べておくと、関係者全員のためになる。これにはかなりの時間がかかるかもしれない。技術アドバイザーを交渉に同席させる予定であっても、問題となっている技術や科学の原理、取り得る選択肢、円滑な導入の妨げについて、おおよそは理解しておく必要があるだろう。

時間的な制約と不確実性をうまく味方にすることも不可欠である。需要が増えるまでヘクシグラス技術を温存するという考え方は、市場の不確実性への対応としては賢明かもしれない。他方、技術をライセンス供与すれば、当面の収益源になるかもしれないが、どれほど厳密な契約を結んだとしても、競合他社がライセンスをもとに自社製品を開発する可能性を完全には排除できない。どちらの案も不確実性への対処にはなるが、それぞれ欠点がある。

私の研究からは、**不確実性をすぐに取り除こうとする人よりも、少しでも長く忍耐できる人のほうが、大きな利益を得られる可能性が高い**ことが明らかになっている。不確実性を受け入れる新鮮な方法として、すでに述べたように、将来見通しをめぐる見解の違いをひとまず棚上げするために、付帯条件を設けるとよい。基本合意を柱として、価格、納期、義務の異なるいくつものシナリオを表形式にして盛り込む方法もある。

繰り返しになるが、付帯条件を設けると複雑度が増すため、会社が余計な責任を負わずに済むよう目配りするのが仕事の法務責任者は、時として渋い顔をする。また、合意時に取引の価値を算定したり、それをもとにボーナスを査定したりすることも、難しくなる。それでもなお、不確実性が高い状況では、さまざまなシナリオのもとで誰が何を得るのかをはっきりさせるのが、関係者すべてに最善の結果をもたらす道だろう。うまく将来を見通した人は、期待どおりの成果を得る。他の人も、シナリオを参照すれば自分達が何を得るかを確認できる。

■組織再編に伴う困難に備える

クレムテックの3人による話し合いがどのような形で決着しても、まず確実に、組織再編を続けていく必要があるだろう。おそらく、新人に訓練を施す一方、古参社員を解雇しなければならない。マネジャー層による責任分担の見直し、指揮命令系統の変更、成果指標の徹底なども不可欠かもしれない。サプライチェーンの変革と再訓練を迫られる恐れもある。このような戦略的措置は人間関係や取引関係、業務などを混乱させ、ひいては多くの人々を不安に陥れるだろう。しかも、交渉者は組織変革の難しさはたいてい認識しているものの、技術のような複雑な分野の合意は一般に、どのような戦略的再編が必要になるかを十分に考慮しないまま交わしてしまう。

　このような交渉が、組織、理念、業務手順の変更につながりそうなら、個人の利害だけでなく組織の利害もはっきり理解したうえで臨む必要があるだろう。具体的には、「交渉前、交渉中、交渉後」の三つのステップを踏むとよい。ステップ1では、変更によって影響を受けそうな人に事前に相談をする。ステップ2として、彼らとは交渉中も連絡を取り合い、最終結論への意見をもらうべきかどうかを検討する。ステップ3では、確実に守れそうな約束をする。

　組織変革を唱えたり、約束したりするだけでは、望む成果を得るのは難しい。体制、戦略、理念の変更には、抵抗が付き物である。考え方、行動、流儀を変えさせるのは、たいていは骨の折れる仕事である。しかも、技術の更改や刷新のほか、そのためのリソースの確保にも、誰かが責任を負わなくてはならない。

まとめ

ハイテク関連の交渉を乗り切る3つのステップ

・コミュニケーションの行き違いを防いで信頼を築く
・複雑さと不確実性に対処する
・組織再編に伴う困難に備える

■技術関連の交渉に秀でるための3つのヒント

技術に関する交渉は複雑であるため、コミュニケーションの行き違いや誤解が特に生じやすい。技術が焦点となっている場合には、次の3点を実践することにより、ウィン・ウィン型の交渉を有利に運ぶ可能性が高まるはずである。

1　戦略の矛盾を認識する

組織はさまざまな人材に異なる目標（例：コスト削減、イノベーション、顧客サービス、品質など）を割り当てることによってうまく回っている。目標どうしが矛盾している場合は、全体にとって望ましい選択肢が見つかりやすいように、全員の目標と不安を尊重しながら話し合いをする場を設けるとよい。

2　人間関係を重視するなら、「何が会社にとって最善か」を強調しすぎない

評価や報償、業績評価基準の見直しのないまま、誰かに損失やリスクを負わせることになる場合は、特に慎重さを要する。どのような施策を進めるにせよ、「何が会社にとって最善か」はマネジャーごとに判断が異なることを忘れてはならない。

3　「誰の予測が正しいか」を無駄に議論しない

技術プラットフォーム、素材、市場環境、イノベーション動向はいずれも、予測が難しい。むしろ、いくつかのシナリオを想定して条件付きの合意を目指そう。そうすれば、将来見通しの違いにうまく対処できる。

第 4 章

交渉相手の勝利宣言を思い描け

——自分にとって最高の条件を、
相手に納得してもらう

攻めと守りの協力関係を築く

何事も思ったほどシンプルではなく、二者間の交渉もたいていは一筋縄ではいかない。二者間の交渉といえども、実は多数の人々が関わっている。なぜなら、双方の身内の存在も無視できないからだ。熟練した交渉者なら誰でも心得ているように、**交渉では何とか方法を見つけて相手の身内にアピールし、成功に向けた協力関係を築く必要がある。**取引条件が最終的に受け入れられるかどうかは、交渉相手以上に、その身内にかかっているのだ。

それぞれの身内を別にしても、直接の当事者だけで三者以上に上る場合もある。多数の当事者（とその身内）の利害を汲み取りながら、成功に向けた協力関係を築くのは、必ずしも容易ではない。しかも、他の関係者が自分を蚊帳の外に置いて手を組もうとする状況を、何とか打開しなくてはならないこともしばしばである。成功に向けて、交渉相手の身内やさまざまな関係者とタッグを組むには、入念な準備が必要になる。自分の提案について、「話し合いが物別れに終わるよりもはるかに都合がよく、拒むことなど考えられない」と関係者に思わせなくてはならない。

攻めと守りの両方に力を入れるべきである。攻めとは、成功に向けた協力関係をいかに築くか、すなわち、**相手とその身内をいかに味方につけるか**。守りとは、**自分抜きの協力体制ができるのを防ぐために、いかに共同戦線を張るか**である。

二者間と多者間の交渉には重要な共通点がある。それは、できるだけ早く交渉の糸口を見つけ出して、他者の次善の策よりも格段に望ましく、自分にとっても決裂よりもはるかに好ましい条件を提示することである。

相手の身内を交渉の土俵に引き込むには、何をすればよいのだろうか。彼らのニーズと利害関心に十分に注意を払い、それに沿った付加価値を生むような提案をし、説得力ある主張を展開して賛成を引き出す。そしてさらに、彼ら身内の力で交渉相手の背中を押してもらえるように、問題解決手順を取り決めるのだ。

■多者間交渉の準備をする

重要なのは、実際の交渉相手とその身内、両者の利害の不一致を見過ごさないことである。また、自分を出し抜こうとする動きを察知したら、交渉相手の身内がどのような判断をしそうかを予想して、先手を打たなければいけない。相手側の許容最低ラインを探り出すには、当人達の立場になって考える必要がある。相手にとって何が次善の選択肢であるかがわかったら、最低どれくらいの条件を提示すれば「イエス」を引き出せるのかが摑める。必要以上の好条件は示さなくてよい。相手の求めすべてに応じる必要はなく、現実的な最低ラインに見合うものを提示すれば十分である。

もちろん、交渉相手が賭けに出ようとする場合もあるだろう。あなたの示す極めて合理的な提案を袖にしても、未知の交渉相手やチャンスが現れて、もっと都合のよい提案をしてくれるだろうという、針の穴を通すような小さな可能性を追求しようとするのだ。交渉相手がこのような発想にとらわれているなら、相手の身内にメッセージを送り、「あなたがたの交渉担当者は、ほとんどあり得ないような可能性に賭けて、極めてまっとうな提案を断ろうとしていますよ」と知らせよう。

交渉相手は内部の事情により、一か八かの賭けに出るのがベストだと感じているのかもしれない。相手の身内は、交渉担当者の意向を知れば、こちらの提案を受け入れようと思うかもしれない。このため、あなたとしては、交渉相手もしくは自分と対立するグループが、それぞれの身内の理解と支援を十分に得ないまま独断で動いていないかを突き止め、それぞれの身内にメッセージを送り、成功に向けて共同歩調を取る方法を探る必要がある。その際には、こちらにとって受け入れ可能な、2種類の大きく異なる提案を交渉相手に示し、身内と相談してもらうとよい。そして、どちらの提案をもとに交渉を進めればよいか知りたいと水を向けるのだ。

「私も身内に相談しますから、そちらも内部の関係者に意向をお尋ねください」と。

フライアウェイとデスティネーションズ、二つの航空会社のCEOによる合併交渉を例に取りたい。どちらのCEOも、現状に大きな疑問を抱いてはいないが、それぞれの取締役会から、「ライバルによる脅威を和らげるために何か対策を」と迫られている。もし両社の合併が決まれば、一方のCEOが失職したり、少なくともどちらかの会社で複数の部門が廃止になったりする可能性がある。従って両CEOは、収益性が低下の一途を辿る現状を、2社間合併のさまざまな選択肢と比較しなければならない。選択肢の中には、社内の強い抵抗に遭いそうなものや、一方のCEOの失職につながりかねないものもある。合併案件に対して、両社の取締役会は満足かもしれないが、CEOのいずれかは不満を持っている恐れもある。

勝者となるのはおそらく、相手企業の内部の人々と協調関係を築いたCEOだろう。このような状況下では、賢明な交渉者は自分と身内との関係性を確かめておく必要がある。そのうえで、相手側のCEOが社内に紹介せざるを得ないような提案を、いくつも示すのだ。この場合、交渉担当者であるCEOは、まずは自分の身内とのあいだで共同歩調を確立することを目指すとよい。それができたら次なる目標として、相手にとって悪くなく、自分にとって快挙となるような提案をして、**交渉相手の身内とともに成功に向けたタッグを組む**のである。

■共同歩調をとれそうな相手を慎重に選ぶ

ここではコミュニティ・アーツという芸術協会の例をもとに、共同歩調によって交渉を成功に導くための条件をもう少し説明したい。コミュニティ・アーツは、慈善団体や企業によるいっそうの芸術振興を目的として、30以上の地域の美術館、課外活動グループ、地域大学の結集のもとで設立された。先ごろ新会長が就任し、早々にブランディングと資金調達の戦略を発表したのだが、協賛組織の過半数が一丸となってこれに反対している。会長は戦略プランニング会社の助言に従い、地元のセレブを目玉にした高収益が望めそうだがコストも嵩むイベントを、いくつか提案したのだった。

反対派は、「多額の費用がかかる少数のイベントに頼るのはリスクが大きすぎる」と考えたほか、セレブを前面に出した戦略にも首を傾げていた。そして、一致団結すれば影響力を強められるだろうと読んでいた。会長は就任当初、部下達とともに資金調達案の策定にかかりきりになり、協賛組織の意向確認や改革案への支持取り付けには十分な時間を費やさなかった。

会長の失敗からは、**「協調できそうな相手の特定と説得にどう時間を使うか、慎重に検討すべきだ」**という、協調づくりの第一のルールが浮き彫りになる。タッグを組むかもしれない相手と個々に意見を交わしていると、全員の人となりとその要望をすべて把握しないうちに、仮約束を求められるかもしれない。約束をする前に、カギとなる2点を自問しよう。（1）付加価値をどのようにして分け合うのか（協賛組織ごとに優先事項が異なるが、会長の資金調達戦略がうまくいった場合、成果をどう配分するのか）。（2）他者の提案を聞く前に、先に折衝した相手に大きな利益配分を約束してよいものか。

残念ながらコミュニティ・アーツの会長は、成功に向けた協力体制を築くには何が必要か、（自分の戦略が成功するという仮定のもとで）協調できそうな相手に何を約束するのか、という重要な2点をまったく考えていなかったようだ。

協力体制の模索を始めた当初は、相手から明瞭な約束を取り付ける一方で、必要なら別の相手に乗り換えられるよう、身軽さを十分に保とう。これは厄介かもしれないが、努力に見合った成果が得られるはずである。

今から10年以上前、協調体制を築き損ねたせいで世界規模の危機が生じた。アメリカ政府は、メキシコのカンクンで開催された世界貿易機関（ＷＴＯ）の重要な交渉に際して、友好関係にある一部の先進国と欧州連合（ＥＵ）に共同歩調を求めた。そして、先進諸国による農業補助金の扱いに焦点を絞った事前の合意を、自分達の間で成立させた。ＷＴＯは通常、自由貿易を妨げるいかなる補助金制度にも反対の立場を取っている。特筆すべき点として、この事前協議は、G22（インド、ブラジル、中国のような急成長中の発展途上国による連合）抜きで行われた。

WTOの公式協議が始まるとすぐに、発展途上諸国抜きの事前協議が重大な誤算であることが明白になった。G22は、先進諸国から各国内の農業補助金を削減するという約束を取り付けたい、と考えていたのである（農業補助金が存在すると、発展途上国は欧米に自国の農産物を輸出しにくい）。先進諸国は交渉への備えができていなかった。発展途上諸国は自分達の懸念が先進諸国から真剣に受け止められず、侮辱されたと感じた。交渉は決裂し、すべての当事者が何の成果も得られないままその場を去った。多者間交渉に携わる者すべてにとっての教訓は、「協調相手はくれぐれも慎重に選ぶように！」である。

タッグを組むかもしれない相手との直接の対話や、協調体制の構築にあたっては、集団内の相互関係に十分に注意を払わなくてはならない。

■集団内のさまざまな懸念に対処する

多数の人や団体が集まって、短期間にいくつものテーマを扱うような場合、混乱や行き詰まりのせいで、交渉の余地を広げたり、協調による成功を目指したりするのが困難になりかねない。「誰かが公正なやり方で対処するだろう」といった期待はしないほうがよい。誰かが議長役を買って出ようとすると、それが善意に根差していても、他者からは「自分達の思いどおりにしようとしている」と見なされかねない。しかも**多者間の交渉には、「一部の当事者の都合で物事が進められるのでは」という懸念が付き物**である。

最初から、プロのファシリテーターや仲裁者など、経験を積んだ第三者に協力を求める例もあるだろう。「仲裁は、対立が起きてから依頼するもの」という考え方もある。しかし、中立的な第三者の手を借りると、自分達だけで何とかしようとするのと比べて、はるかにうまく交渉の土俵に上がることができる（詳しくは第5章で説明する）。**中立的な人物による助力は、情報収集の段階では特に役立つ**のではないだろうか。仲裁者は、第1章で紹介したような共同での事実調査をとおして、提案や合意条件の作成に使えるデータや予測の準備を助けてくれるのだ。

交渉の参加者が増えるにつれて、全体の管理は難しくなっていく。それは一つには、**「集団浅慮」**（心理学者アーヴィング・ジャニスによる造語）による。共同作業においては、全員の意見を一致させようとするあまり、選択肢を慎重に比較検討しようとする姿勢が失われる場合がある。全体の満足のために、自分にとって最も有利なものとは別の解決策を受け入れる場合もある。このため交渉者は、身内との密接な連絡を欠かしてはならない。さもないと、「合意に達しなければ」という交渉の場での重圧に負けて、自分達の利害を見失ってしまう恐れがある。

大勢がいくつもの課題を同時併行で検討している場合には、往々にして、少人数のグループに分かれて作業するのが合理的である。例えば、多数の企業や部門が合併の可能性について検討しているとしよう。このような場合には、各当事者からテーマに詳しい人を出してもらって複数の作業グループを作り、さまざまな技術的な問題を検討させるのも一案である。これらのサブグループは、それぞれの検討結果を、話し合いの材料として上位グループに提供する。つまり、意思決定の責任は負わないのだ。サブグループはまた、自分達の考えを、個別の技術的課題に詳しくない人にも理解できるように伝える必要もある。サブグループのメンバー構成を誤らなければ、各サブグループが用意したピースを組み合わせた全体像は、すべての当事者にとって信頼できるものになるだろう。

自分の影響力が強まるように協力関係を築く

準備を万端に整え、経験豊富な仲裁人の力を借り、サブグループから有用な情報を得ることで、多者間の交渉に携わる人々は必ずや具体的な交渉の余地を見つけられるはずだ。それができたら、次にすることは一つ。当事者それぞれが自分達の利益を追求しながら、全員の利益をも満たすために、協調するのである。

多者間交渉の条件の詰めで成功を収めるには、自分の影響力が強まるように協力関係を築かなければならない。その際に重要なのは、**最初は敵対関係にあったが、やがて味方へと転じる可能性が浮上した人々との関係を、悪化させないようにする**ことである。誰かから共同戦線を持ちかけられた場合、特に、「密使」からアプローチされた場合は、くれぐれも慎重に対応しよう。

多者間交渉においていくつかの提案がまとまった場合、どう一つに絞り込むべきだろうか。まずは、最終決定の方法をはっきりさせなくてはならない。1対1（とそれぞれの身内）ではない多者間の交渉では、満場一致による意思決定にはこだわらないほうがよいだろう。なぜなら、交渉全体の成功よりも持論や私利を守ろうとする人々が、脅しに訴えるのが目に見えているからだ。第2章で述べたように、多数決も望ましい方法とは言えない。というのも、かなりの数の人々が「少数派」に追いやられて不満を抱き、隙あらば決定内容の実施を妨害しようとする可能性がある。ほとんどの場合、**圧倒的多数による合意を目指すのがベスト**である。そうすれば、当事者たちは満場一致を目指して努力し、全員の利益を叶えようと手を尽くした末に、満場一致に近い形での合意へと持ち込めるはずである。多者間交渉ではこのように、協調が成功へのカギなのだ。

最後に一つ忘れてはならないのは、多者間で交渉するにせよ、二者がそれぞれの身内を巻き込むにせよ、「どのような態勢で臨むか」が常に議論の的になるということである。交渉者は、協調のあり方が変わったらすぐにそれを察知して、対応できなくてはならない。新しい条件を支持する新しい協調関係が生まれて、各交渉当事者の許容最低ラインが変化するような状況になっていないかどうか、注意を払い続けよう。そうすれば、自分達の利益を追求して、ウィン・ウィン型交渉の勝者になれる。そのためには、えてして**交渉相手の身内とうまく共同歩調をとる努力**が欠かせない。

この作戦がどう功を奏するかを知るには、規制当局と交渉して免許や認可を勝ち取るという、気の遠くなるような課題を考えるとよい。相手の立場に身を置くことができれば、交渉に成功する可能性は高まる。つまり、交渉が終わった後に相手が身内にどう成果を報告するのかを、想像する必要があるのだ。

まとめ

多者間交渉の秘訣

・準備を整える
・協調を心がける
・集団内の相互作用に対処する

規制当局との交渉

新しい製品、事業計画、イノベーションの準備にあたっては、免許や認可などを政府機関に申請しなければならない場合が多い。以下にいくつか具体例を示す。

・製薬会社が新薬の発売に備えて、規制当局から各種の承認を得ようとしている。さまざまなやりとりをとおして、新薬の費用対効果だけでなく、その評価方法もはっきり示さなくてはならない。

・不動産デベロッパーが多目的ビルを建設するには、市と州にさまざまな認可を申請する必要がある。公表されている規則や規制に準拠した案を提出するだけでなく、交通渋滞や環境汚染に関して地域社会が抱く懸念にも対処しなければならない。

・通信会社が、年間料金の変更について連邦規制当局と交渉しようとしている。サービスの質に対する顧客の不満が高まっているため、どれほど説得力のある経済分析をもってしても、当局の承認が得られない恐れがある。

幸いにも、申請手続きがいかに細かく決まっていても、個々の規制当局には一定の裁量が与えられている。このため、申請者にとっては規制当局と交渉する機会が何度もあるばかりか、交渉はむしろ求められている。以下に挙げる四つのルールに従うと、アメリカのみならず各国の行政機関とさまざまな交渉を行い、承認を勝ち取る可能性を高められるだろう。さらに言えば、規制当局との交渉に役立つ戦略、特に、相手の立場になって考える習慣は、その他の数々の交渉場面でも役立つだろう。

■規制する側の立場で発想する

あらゆる種類の交渉について言えることだが、**相手側の立場に身を置く**のは効果的である。規制当局との交渉でも相手の発想に立ってみよう。そうすれば、規制当局の身内との間で協調関係を築く助けになるだろう（そう、規制当局にも身内はいるのだ！）。ご多分に漏れず、規制当局にも独自の発想や信条があり、それが仕事についての考え方に影響を及ぼしている。規制当局はもとより、あらゆる集団と交渉する際には、相手の考え方を理解する必要があるのだ。以下では、ほとんどの規制当局に共通する四つの信条を紹介する。

規制当局は第一に、よい仕事をするためには、法律の一字一句に従い、同じような要求を抱えている人すべてをまったく同じように扱わなければならない、と考えている。あなたが新しい建築技術への承認を州政府から得ようとしても、競合他社が申請して却下された前例があるなら、承認が下りる見込みはない。前例主義の適用を避けるために、中身を大きく変える必要があるだろう。

第二に、決定とその理由については自分達が説明責任を負わなければならない、というのが規制当局流の発想である。このためすべての決定を、前例を作るものとして扱う傾向が強い。

また、自分達の行動を正当化するために、証拠となる書面を作成しようとする。

第三に、「ほとんどの申請者は、手を抜いて時間とコストを節約しようとするものだ」と考えている。そのため、裏付けとなる情報を十分に提出しない申請者や、答えるべき質問にきちんと答えない申請者がいないか、常に目を光らせている。規制当局の負担を最小限に抑えようとして提出する情報を絞り込むのは失策だろう。

第四として、提案またはプロジェクトがもたらす正味の恩恵よりも、申請手続き、規則、基準がどれくらい守られているかのほうに、はるかに関心がある。規制当局の立場からすると、社会に対するリスクはたとえ小さくても、提案者や地域社会にもたらされるであろう恩恵よりも重要なのである。

以上の4点を具体的に説明するために、グリーンテック・ケミカル社の例を挙げたい。グリーンテックは、従来よりも環境にやさしい「グリーン」な廃棄物処理技術の導入許可を、州の環境規制当局に求めている。すべてが順調に進んだ場合、新しい設備は現行よりも低いコストで、法律が定める最低限の環境基準を大幅に上回る成果を出せるという。規制当局は、既存の環境基準の対象範囲に収まりきらないという理由により、承認を渋る可能性が高い。この技術がうまく機能しなかった場合、非難の的になるのは規制当局だろう。

これに対してグリーンテックは、新技術を試行導入して、環境団体に結果の評価に協力してもらうという条件を付けて、承認を求めることもできる。その場合は比較の対象を定めて、試験結果が現行の規制基準をクリアし、なおかつ最低限の安全条件を満たしているかどうか、評価することになるだろう。環境団体がこの申請に関与している事実や、試行導入が前例を作るわけではないことがわかれば、規制当局は承認に前向きになるかもしれない。

■規制当局の裁量は建前以上に大きいと考えよう

ほとんどの規制当局は、自分達には既存の指針を解釈する自由はないと主張するだろう。たとえ斬新な解釈をする裁量があったとしても、主観的あるいは個人的な判断をしたと見られたくないため、裁量を活かそうとする見込みは小さい。規制当局の本旨は客観性にあるため、これは厄介な問題である。規制当局には、規定を適用するかしないかを決める権利はないため、それを期待して行動するのは絶対にやめよう。

ただし、解釈に関してはある程度の裁量がある。そして、この裁量が権限の源であるという自覚も、彼らにはあるのだ。申請を処理する際に主観的な判断を下すとすれば、それはどのようなものか、ごく一部を以下に挙げる。

・申請の処理にすぐに着手するか、後回しにするか。
・ベテラン中のベテランに任せるか、新人に担当させるか。
・正式手続きより前に申請者との面会に応じて誤りを指摘するか、それとも、正式申請後にようやく面会に応じてデータの不備を理由に却下するか。
・過去の申請書を「見本」として示すか、そのような情報の提供を拒むか。
・独立機関による科学的あるいは技術的な調査結果を、実績をもとに考慮するか、それとも、未審査だという理由ではねつけるか。

■過去の承認事例や経験を踏まえて申請を行う

新しい製品、サービス、価格戦略の申請にあたっては、過去の承認事例との共通項を探そう。他の事例で規制当局の厳しい審査を通った要因があるかもしれない。全国規模、あるいは国境を越えて活躍するコンサルタントなら、このような情報を提供してくれるかもしれない。国内外の他の政府機関からすでに承認が下りている場合は、その実績が考慮されるだろう。

技術コンサルタントや専門家を頼るなら、申請先の規制当局と仕事をした経験のある人物を探そう。そうすれば、規制当局にとっても非常にやりやすいだろう。

■申請プロセスの早い段階で話し合いを始める

申請書の作成にあたっては、あらかじめ規制当局に相談したほうがよい。申請書を完成させるうえでの助言を求めれば、規則上はっきりしない点に対応するための時間とゆとりができる。現場レベルの専門職員に、きまりに忠実に沿って申請を行う方法を相談しよう（地位の高い人に相談をすると、内容に関わらず、公式見解が返ってくるだけだろう）。その際は、何らかの確約を求めているのではなく、アイデアを得たいだけだとはっきり伝えよう。「あなたの問題を解決するのは私の仕事ではない、申請書の完成版が提出されてからでなければ意見は言えない」などという言葉が返ってくるかもしれない。それでも、**非公式なオフレコの会話で相手が持ち出した話題を手がかりにして、問題になりそうな点を絞り込む**ことはできる。

申請プロセスの早い段階でさまざまな案を示すのは、先方の関心事を掘り起こすのに最も適した方法である。特定の技術や、まったく新しい設計への見解を求めるのではなく、概略図をいくつか提示して承認の条件を尋ねてみよう。各案の長所と短所をめぐる先方の意見は、どの案なら承認を得られる可能性が高いかを知るうえで、重要な手がかりになるだろう。申請書を仕上げて提出した後は、途中で変更した点に関して先方の職員に責任を押し付けてはいけない。

こちらの案をめぐる規制当局の主な関心事がわかったら、何らかの形で共同事実調査を実施すると有益な場合が多い。第1章で述べたように、共同事実調査とは、異なる課題を持った交渉者が、（何をすべきかについては意見が割れていても）何がわかっているのかについて合意する目的で、共同で情報を収集、分析、解釈する作業である。審査中の具体的な案件にまつわるものでないかぎりは、当局の参加も可能である。

国の機関が、新薬の健康への影響を懸念しているとしよう。このような場合は一般に、利害関係者の代表と当局の職員にデータ収集を監督してもらい、調査をとおして懸念に対処するのが賢明である。共同で事実を調査すると、申請が予定より遅れる場合もあるだろうし、コストの増大も避けられない。だが、それに見合った成果が得られるのはほぼ確実である。賛成者だけで行った予測や分析よりも、賛成者と反対者が共同で実施したもののほうが、規制当局から真剣に受け止めてもらえる可能性が高いからだ。

規制当局はおおむね、自分達の専門性が尊重されるよう期待しているが、申請者の抱える課題の解決を求められるのはご免だろう。「管轄事項にまつわる判断に重要な役割を果たす存在」と認められることを望んではいても、主観的な判断を下しているとは見なされたくない。交渉への関与は避けたいが（交渉に加われば、裁量があると周囲から受け止められる）、申請書を完成させる途上での相談には必ずといってよいほど応じる用意がある。煎じ詰めるなら、規制当局との交渉の極意は、話し合いを交渉と呼ばないようにすることかもしれない！

■規制当局との交渉を避けるには？

大手食品小売チェーンのコーニュコピアは、食料品店が一軒もない郊外の町に進出して、約4万平方メートルの土地にスーパーマーケットを建設したいと考えている。収益が絶好調の店舗の設計をもとにして、地元の都市計画課や公安課には相談せずに、申請書を完成させて町に提出する。求めているのは、およそ300台分の駐車スペースと薬局、銀行を併設した、約6000平方メートルのスーパーマーケットを建設するための、特別許可証と敷地計画への承認である。

申請書を作成する際にコーニュコピア側のコンサルタントは、規制当局による正式な審査で持ち出されそうなあらゆる疑問を想定して、答えを示そうとした。コーニュコピアはまた、地元の弁護士を雇い、議員との非公式な面会において、今回の申請を支持するのが彼らの利益になると説得させた。さらに、PR会社を雇い、住民のかなりの割合がスーパーマーケットの新設に賛成していることを示す調査結果を、地元の新聞に記事として掲載させた。交通状態への影響を住民たちが懸念していることに気づくと、外部に調査を委託し、標識、信号、カーブカット（車道と歩道の段差を解消するために縁石を低くした部分）を活用すれば、どんな影響も最小限に抑えられるという結果を公表した。

ところが意外にも、承認は下りなかった。コーニュコピアは何を間違えたのだろうか。第一に、正式に申請を行う前に、都市計画や治安の専門家と会うべきだった。第二に、住民と役所が交通への影響を心配していると知った後で、店舗の基本設計を見直すべきだった。第三に、タウンミーティングを何度か開いて、プロジェクトに関する情報を新聞その他の二次的な情報源からではなく、じかに得るための機会を、住民のために用意すべきだった。第四に、可能なら町による交通影響調査への費用提供を申し出て、共同での事実調査を提案すべきだった。

規制当局との交渉は、こちらの提案を関係各所に売り込んでくれるよう相手に促し、成功に向けた協調体制を築くことを意味する。グリーンテックとコーニュコピアは、そのような努力をまったく行わなかった。あるいは、規制当局の職員に説明責任を果たすべき身内がいることすら、想像しなかったかもしれない。相手の立場になって考えれば、こちらの主張を身内に説明しやすいようお膳立てできるのだが。

まとめ

規制当局との交渉に際して、承認を得る可能性を高める方法

- 規制する側の立場で発想する
- 規制当局の裁量は建前以上に大きいと考えよう
- 過去の承認事例や経験を踏まえて申請を行う
- 申請プロセスの早い段階で話し合いを始める

仲裁による問題解決

繰り返しになるが、複雑な交渉で仲裁人の力を借りると、自分達だけではできないような方法で交渉の余地を広げることができる。具体的な条件の詰めに入った後は、付加価値を生み出そうとする際、そして、当事者それぞれがウィン・ウィン型の交渉を（長期的な関係を損なうことなく）ものにしようとする際に、仲裁人の力が活きる。

経済協力開発機構（ＯＥＣＤ）は、多国籍企業に社会的責任を十分に果たさせる立場にある。ＯＥＣＤには34の主要国が加盟しており、今から10年以上前に、人権、環境保護、労働者の権利、児童保護に関する指針を採択したうえ、その遵守に合意した。ＯＥＣＤの理事会は最近になって、これらの指針を10年ぶりに見直した。過去10年間に、加盟国は「各国連絡窓口（ＮＣＰ）」を設置して、自国に本社を置く多国籍企業に関して「指針に違反している」との申し立てがあった場合、調査を実施させていた。ＮＣＰは、往々にして限られた人員と予算でできるかぎりの調査を行ってきた。その前提をなすのは、「自国政府からレッドカードを突き付けられた場合、多国籍企業はグループ内のあらゆる指針違反を是正せざるを得ないだろう」という考え方である。ＮＣＰは、指針違反の十分な証拠を見つけるとは限らないが、他方では違反が明白な例もある。

各国のＮＣＰと一部のＯＥＣＤ下部組織（労働組合諮問委員会、経済産業諮問委員会、ＯＥＣＤウォッチなど）が一堂に会した際、ＮＣＰは自分達の目的が「指針違反の有無を確かめるだけでなく、不適切な慣習を正す」ことであると、改めて確認した。おおまかに述べるなら、ＮＣＰは審判から身を引き、問題解決に重点を置くよう迫られたのである。特に、仲裁権限について真剣に考えるよう求められた。仮にあなたが多国籍企業を率いていて、社会的責任のグローバル基準に違反していると疑いをかけられているとしよう。あなたはおそらく、自国の政府から叱責を受けてばつの悪い思いをするよりも、その状況を是正する機会を望むだろう。ただし、そのためには、かなりの数の当事者を交渉の場に集めなくてはならない。

このような状況では、仲裁は貴重な援軍となる可能性がある。私は特に、**問題解決型のアプローチによる仲裁**を推奨している。仲裁は本来、創意工夫によって主張の違いを解消する方法を見出そうとする共同作業の、最初のステップであるはずだ。ところがたいていは、審判が行き詰まった場合の切り札と見なされている。NCPは、ある苦情が寄せられた場合、それを真剣に受け止めるべきかどうかを判断しなくてはならない。そのためには、問題となっている企業の現地における評判について、大使館に調査を依頼する場合もある。さらには、その企業とも念のため連絡を取り、言い分を聞く可能性もある。要するにNCPは、企業の社会的責任に関するOECDの指針に違反しているのかどうか、確かめようとするのだ。このような方法を取るのは、苦情の正当性を見極めることを主眼にしているからである。NCPはこの2年間、具体的な苦情を仲裁によって解決する試みに乗り出している。

一部のNCPは、不適切な慣習の是正や適切な措置の実施を組織目的と見なすようになった。そして、違反が行われているとされる国で活動する有資格の仲裁人を選び、関係者と非公式に会ってどのような解決策がありそうかを探らせている。やりとりが非公式なものであればあるほど、当事者が苦情を大げさに訴えたり、自己防衛に走ったりする可能性は低い。問題解決型のアプローチによる仲裁は、当事者を具体的な条件の詰めへと引き入れて、苦情の正当性を見極める段階から価値を生み出す段階へと移行しようとする。指針違反の疑いをかけられた企業にとっては、仲裁に協力したという評判を得たり、政府との関係を改善して事業拡大に欠かせない支援を勝ち取ったりすれば、成功といえるだろう。

仮にあなたの会社が、OECDの指針違反で訴えられたとしよう。その場合、正式の調査を受けて公の場で弁解する羽目になるよりも、中立的な第三者と内密に非公式の面会をするほうが、好ましいのではないだろうか。会社のイメージを守るという観点からは、仲裁のほうが望ましいのは間違いない。仮にあなたが労働組合や環境NGOに所属し、地元の多国籍企業の活動に懸念を抱いているとしよう。この場合、他国を本拠とする顔の見えない組織について、1年以上を費やして、OECDの指針への違反があるかどうかを見極めて報告書を書き上げるよりも、プロの仲裁人に依頼して関係者を一堂に集めてもらい、懸念に対処したほうがよいのではないだろうか。どこの国においても採決に強制力がない状況では、是正が実現する保証はない。他方、仲裁によって自主的な合意に達した場合は、あらゆる条件の遵守が保証される。これがよいことずくめの結果であるのは間違いない。

仲裁（非公開で行われ、秘密保持が約束される）は、一方の当事者に悪くない結果を受け入れさせ、他方には願ってもない結果をもたらすための、最善の方法ともなりうる。企業の社会的責任に関するOECDの指針に違反した多国籍企業は一般に、それを公には認めようとしない。ただし、仲裁の結果、規則違反は認めないながらも、一連の是正策を講じると約束したとしよう。この場合、補償や慣行是正を望む人々は望みを叶え（最高の結果だ）、多国籍企業の側も悪くない結果を手にする。

仲裁による問題解決を目指すには、次の3点が求められる。**（1）すべての利害関係者が問題の解決や状況への対応に共同で取り組む意思がある、（2）難しい話し合いを仕切るうえで必要な知識とスキルを十分に備えた中立的な人物に、参加してもらう、（3）手順（例：守秘義務、予定表、議題、誠実な取り組みなど）の基本ルールについて合意すること**である。

私はこれまで、多国籍企業がOECDの指針違反の嫌疑をかけられた事例を、いくつか追跡してきた。ある事例では、ヨーロッパ系アパレル企業のインド子会社が、従業員の労組加入を拒んだとして告発された。この件はインドの法廷で争われていたが、苦情は本国の首都で提起された。NCPは不正行為の調査だけではなく、仲裁の実施を決める。そして、従業員、インド子会社の経営陣、ヨーロッパ本社の上層部、関係する労働団体などと面会した末に、解決案を策定した。

問題解決型の仲裁を行うというOECDの決定を、各国の小規模な企業はかなり歓迎するはずである。自社が健康・安全に関する規則を遵守していないと疑いをかけられた場合も、公式の調査や訴訟を待つのではなく、仲裁に向けて動き出せばよい。資格を持つ中立的な人物に頼めば、すべての当事者と面会して、議題をまとめ、全員を一堂に集め、自主的な是正措置を決めるための手助けをしてくれる。これは全員にとって有益なはずだ。ウィン・ウィン型の交渉をものにしたいなら、仲裁人の力を借りることを必ず検討すべきである。非公式の場で仲裁人の助けを借りて合意の条件を決めれば、より多くのものを手に入れ、ウィン・ウィン型の交渉に勝利できるかもしれない。

まとめ

仲裁によって問題を解決する秘訣

・すべての当事者が進んで協力し合う
・中立的で有能な人物に交渉の水先案内を委ねる
・当事者間で手順に関する基本ルール（例：守秘義務、誠実に取り組むことなど）に合意する

第 5 章

交渉にファシリテーションを活用せよ

——自分の立場を守り、合意が崩れないようにする

どれだけ念入りに作戦を練ったとしても、交渉には思わぬ紆余曲折が付き物である。例えば、交渉の最中に相手側の担当者が交代する場合もある。株価下落や新たなライバル企業の登場など外部環境が変化して、交渉戦略を軌道修正する羽目に陥るかもしれない。こちらの内部事情により、優先順位の入れ替えが必要になるかもしれない。あらゆる可能性に備えて計画を立てるのは不可能だ。しかし、起こり得るさまざまなハプニングのうち、どれが実際に起こるのか正確にはわからなくても、影響を避けながら前へ進むのが望ましい。つまり、**自分達の身をできるかぎり守りながら交渉を進める**べきなのである。

ファシリテーションを利用して交渉を立て直す

前章で述べたように、ウィン・ウィン型の交渉を制するには、**外部の仲裁者またはファシリテーター**を活用するとよい（後述するように、両者は似て非なるものである）。十分に評価、活用されていないのが実情だが、仲裁者やファシリテーターは、交渉をとおしてできるだけ多くの価値を生み出し、良好な関係を保ち、予期せぬ出来事に対処できるよう、双方の手助けをしてくれる。私の経験をもとに、中立的な立場のプロフェッショナルがどのような貢献をするのか、詳しく説明したい。

ビルとダンの兄弟は不動産業を共同で経営し、大きな利益を得ていたが、何年もいさかいが絶えず、ついに「もう限界だ」と見切りを付ける。ところが、共有不動産の分け方に苦慮し、お目当ての物件に相手がつけた評価額に疑問をぶつけていた。そしてようやく、仲裁者の力を借りることに合意した（その仲裁者とは私である）。私は二人と個別に話し合った末、費用のあまりかからない解決策を提案した。第三者に査定料を支払う必要もなければ、個々の物件の価値についていちいち争う必要もない、コイン投げによる解決案である。コインの裏表を当てた人は、リストの中からどれでも好きな物件を一つ、先に選ぶ権利を手にする。次に、もう一人が物件を一つ選ぶ。以後、すべての物件の帰属先が決まるまで、同じことを繰り返すわけである。二人はそれぞれ「自分の得になる」と納得して、私の提案を受け入れた。互いに相手の要求に異論を差し挟む理由はない。この仲裁手続きは1日足らずで完了し、二人は数億ドル相当の不動産の分配を終えた。

この兄弟は、自分達がどのようにして揉め事を解決したか、嬉々として語ろうとした。コイン投げに勝たなければ先攻を取れない賭けに出たというエピソードは、自分達がいかにリスクを恐れないかを物語るからだ。私は、二人の行動原理に関する私なりの理解を踏まえて単純な提案をしただけだが、それが揉め事を解決する安上がりな方法となった。

経営者やマネジャーもまた、感情が高ぶって話し合いが行き詰まり、無秩序な状態に陥りそうな状況に直面することは多い。緊迫した会合や複雑な交渉のまとめ役を務める場合は、なおさらである。ビルとダンの事例と同じく、手続きの専門家、つまりこの場合はプロのファシリテーターの力を借りれば、窮地から抜け出せるかもしれない。

ここでは、ジョーが陥った窮地を例に取ろう。ジョーは、世界有数のコンピュータ会社で半導体技術担当副社長を務めている。彼が直面しているのは、第2章で取り上げたベストケアの事例でブラッドが直面したのと似たような状況だ（ただし、ブラッドが関わっていたのが社内の対立であるのに対し、ジョーが扱っているのは社外との交渉である）。ジョーはさまざまな役割を担っており、その一つに、他の大企業6社の代表者と作る企業連合の議長役がある。各社は、通常は他社との競争に必死だが、この企業連合では具体的な生産技術の開発を目指して共同歩調を取っている。

残念ながら、ジョーの「代表者」という肩書きは有名無実である。他のメンバーは彼がやることなすことに必ず後から文句をつけている。しかも、数カ月前から交渉が難航しているため、メンバーが二つの派閥に分かれて対立を始めた。一方の派閥は、最近になって特許で保護されたソフトウェア・パッケージを、ヨーロッパの小さな企業からさっそく購入したいと考えている。他方は購入に乗り気ではなく、そのソフトウェアはすぐに時代遅れになるだろうと主張している。ジョーは、自社の利害を踏まえて前者に味方せざるを得ず、公平な立場での運営ができなくなっている。

この状況に関する愚痴をジョーから何週間にもわたって聞かされたアシスタントは、プロの独立系ファシリテーターの力を借りてはどうか、と進言する。ファシリテーションとは、組織の内外を問わず多数の当事者によって多数の課題をめぐって行われる交渉に、道筋を付ける作業である。多くの場合、衝突を防いだり、具体的な対立を解決したりするために行われる。

■仲裁者とファシリテーターのどちらが必要なのか

ビジネスの現場では、「ファシリテーション」と「仲裁」が同じ意味で使われがちである。だが、この二つの間には大きな違いがある。ビルとダンの事例、あるいは前章で取り上げたOECDの事例のように、**交渉がすでに決裂している場合や、意思の疎通がまったくできなくなっている場合は、仲裁者の助けを借りるのが賢明だろう。**プロの仲裁者に一般に期待されるのは、完全に中立な立場を貫き、議題に関する知識を十分に備えた状態で交渉の場に臨むことである。仲裁者はまた、しかるべき当事者を交渉のテーブルに就かせ、最終的な取り決めを実行させることに重点を置く。

これに対して**ファシリテーションは、問題解決を目的とした交渉の初期、衝突が具体化する前の段階で利用される場合が多い。**また、ファシリテーションの効果は一般に、当事者が実際に顔を合わせる席で起こる事柄にしか及ばない。ファシリテーションは、誰でも利用できる会議マネジメントのさまざまなスキルを組み合わせたもの、とも言える。そのスキルとは例えば、話し合いの交通整理、制限時間の遵守、過熱した議論の鎮静化、合意内容のまとめなどである。

交渉で生じるさまざまな衝突に対処する際は、ファシリテーションを定番手法として取り入れるとよいが、大多数のマネジャーや組織はその利点を見過ごしている。この結果、時間とカネを浪費し、早い段階で解決できるはずの対立を激化させるリスクを取っているのだ。

■マネジャーがファシリテーションに抵抗する理由

ジョーは少なくとも三つの理由から、ファシリテーションの専門家の力を借りることをためらっている。多くのマネジャーも、まさにこの三つの理由によって必要な助けを求められずにいる。

無能と思われるのが怖い

ジョーの会社では、上級マネジャーは難しい話し合いや交渉に自力で対処できて当然とされている。もちろん一部には、会議の運営は、ただ議事日程を参加者に押しつけ、議題を一つずつ順番に取り上げることにすぎない、という見方もある。直属の部下ばかりの会議なら、そのようなやり方でも通用するかもしれない。しかし、議長がジョーのように名ばかりで、他の参加者に対して何の権限も持たない場合、交渉をうまく運ぶには、参加者達と力を合わせて問題を解決するためのスキルが欠かせない。共同での問題解決スキルとは、価値を生み出すために課題を一つにまとめたり、いくつかに分けたりするタイミングとその方法や、実際の交渉の前に準備を行うように促すべきタイミング、さらには、否定的な意見ばかり述べる人に対して、誰もが受け入れられる代替案を出すように求めるべきタイミングとその方法、などを心得ていることだ。残念ながら、ジョーは誰からもこのようなスキルを教わらなかった。有能なジョーにとっても、**全当事者の最も重要な利害に合う形で合意の形成に向けた努力を仕切る**ことは、教わらずとも自然にできる作業ではない。

軟弱者に見えるのが怖い

ジョーは仕事人生のある時点で、「交渉の運営を誰かに手伝わせたのでは、弱みを見せることになる」と思い込んでしまった。まして、手伝ってくれるよう「頼む」などもってのほかである。このため、プロのファシリテーターに「支配権を引き渡して」しまうと、自分が企業連合の他のメンバーから軽んじられるのではないか、と心配している。彼のプライドを支えるのは、意見の相違が生じても必ず相手を押さえ込むという自負なのだ。会社からもかつて、そのような勇敢さを表彰された。屈服して軟弱者の汚名を着せられるよりは、「オレ流」を貫いて負けるほうがましだとジョーは考えている。

統率力を失うのが怖い

ジョーは、ファシリテーターがどれくらいの権限を持つことになるのか、よくわかっていない。彼が最も恐れているのは、第三者に議長の座を明け渡したが最後、話し合いの結果に影響を及ぼせなくなってしまうことだ。自分と会社の利益を増進させるには、連合の他のメンバーに対して権限を振るうのが最もよい方法だ、と考えている。以前は議長という立場上、議事日程や、各参加者の発言時間、決定事項の解釈、さらには決定の内容に対して、圧倒的な影響力を誇っていた。他のメンバーからの反発が強まり、そのようなことはできなくなったが、支配力を取り戻すためにいっそう奮起するのが彼の性分である。

■ファシリテーションが失敗する時

ファシリテーションは、相手や状況にふさわしい人が行わなければ効果を発揮しない。以下のようなトラブルの兆候が見られる場合は、ファシリテーターを交代させる必要があるかもしれない。あるいは、そのファシリテーションはあなたのグループには効果がない可能性もある。

1　相性が悪い

ファシリテーターのやり方がグループにとって強引すぎたり、逆に弱腰だったりする場合がある。

2　知識または経験が足りない

見事なプロセスマネジメント・スキルを備えていても、グループが直面している問題を理解するのに必要な経験には欠けるのかもしれない。

3 手綱を握れない

ファシリテーターが自分の仕事をしようとしても、グループのリーダーがそれを許さない場合、そのまま進めるべきではない。同様に、期待内容がメンバーによってまちまちな場合も、ファシリテーターは本領を発揮できないだろう。

4 内部分裂が起きている

グループ内で対立が生じている場合は、どんなファシリテーターをもってしても、効果的に仕事を進められない恐れがある。このような場合、メンバーは自分達の失敗の責任をファシリテーターに押しつけようとするかもしれない。

5 外部からの重圧がある

無理な期限を与えられている場合、ファシリテーションは失敗する可能性が高い。意見の不一致を解消するために、必要最小限の時間をかけるよう努めなくてはならない。

■プロのファシリテーターを参加させる

このままでは、ヨーロッパ製ソフトウェアの購入に関する議論に負けるばかりか、企業連合のリーダーとしての地位もおそらく失う――。こう考えたジョーは、アシスタントの助言に従うことにした。彼は、自分がＭＢＡを取得した経営大学院の薦めで、小さなファシリテーション専門会社に連絡を取る。そして、その会社の代表者と面談したうえで、クレアという経験豊かな上級スタッフに仕事を依頼した。その後、企業連合のメンバー全員にざっくばらんに電話をかけたところ、意外にも、次回の会議にクレアを参加させることに誰も反対しなかった。

会議の冒頭、クレアは数分間をかけて自分の仕事を大まかに説明した。自分は、**話し合いを前に進める手助けをするだけであって、グループの決定内容を左右するわけではない**、と。ジョーの強引なやり方にうんざりしていたメンバー達は、クレアとの委託契約の骨子をすぐに承諾した。彼女はソフトウェア業界で働いた経験があるため、メンバーたちは、「話し合いを滞らせるようなことはないだろう」とある程度の信頼を持った。

以下、クレアの仕事ぶりと、ジョーを含む企業連合のメンバーが非常に優れたファシリテーションを経験できた理由を、詳しく見ていこう。

メンバーと共同で議事日程を組む

クレアは受託契約が成立した後、企業連合のメンバー全員と個別に会い、各自の利害、優先事項、懸念についてできるかぎり多くを聞き出そうとした。そして、打ち明けてもらった中身は内密にすると約束した。つまり、それぞれの意見や提案が誰のものかは明かさない、と請け合ったのである。この話し合いを終えると、全員の納得を得られる議事日程の作成準備が整った。

合意を形成するための基本ルールを設けて守らせる

最初の作業会議でクレアは、基本ルールを簡単にまとめたリストを示した。メンバー達はこのリストをすぐに受け入れた。ルールのほとんどは、例えば「指名されてから発言する」など、すでに実践されているものだった。だが、これまでにないルールもあった。例えばクレアはこう約束した。会議では毎回すべての議題について、全員に意見を述べる機会を用意する。また、すべての意見と決定事項をまとめた草案を作成し、会議の終了後24時間以内に配布する。最終版が完成する前に、全メンバーに草案の修正機会を設ける。このような基本ルールを文書で示すことにより、クレアはグループの全面的な支持のもとで仕事を進められるようになった。

交渉結果を公平、正確に書面にまとめる

クレアは、重要な決定がなされるたびに、全員が満足しそうな案に対する各人の意見を盛り込んで、提案書を作成した。ヨーロッパ企業からのソフトウェア購入を決断する局面では、分裂が生じていた原因の理解を助けた。具体的には、２派はどちらも勝ちにこだわるあまり、意見の不一致の原因を誤解していると指摘した。クレアの助力のもと、独自ソフトウェアを開発して共有するか、ソフトウェアを購入するかを判断するために、厳密な最終期限を取り決めた。

まとめ

プロのファシリテーターの仕事

- 議事日程を組む
- 基本ルールを設定する
- 焦点を絞った生産的な議論を促す
- 議論の中身と結果を記録、要約する

■抵抗を克服する

ジョーが最も恐れていた事態は避けられた。クレアは会議を牛耳ろうとも、自分の意見をグループに押しつけようともしなかった。ジョーは議長の肩書きを保ったまま、自分や会社の見解を率直に述べることができた。また、メンバー各社の上層部とのやりとりはすべて、以前と同様にジョーが行った。というのもクレアが接する相手は、会議の出席メンバーだけに限られていたのである。

クレアの報酬は、メンバー全社が均等に負担し、ジョーの会社を通じて支払われた。クレアとの契約内容には、引き受けてもらいたい職務を新たに盛り込むなど、時おり修正を加えた。例えば、各社内でのぶっつけ本番の交渉に効果的に対処できるよう、ファシリテーション・スキルの磨き方を教えてほしい、という要望もあった。

この企業連合はやがて生産性を著しく高め、定例会議を月次から隔月に減らし、メンバー間の連絡係をクレアに任せるようになった。メンバー達は、クレアに仕事を依頼したジョーの見識を称え、各社内でプロによるファシリテーションを活用すべきだと、熱心に主張するようになった。

効果的な紛争防止策

私は以前、ニューヨーク市にある国際紛争防止・解決研究所（CPR）の年次総会に、パネラーとして参加した。CPRは法律事務所と企業内弁護士を対象に、30年以上にわたって紛争解決の重要性を訴えてきた。CPRが果たした大きな貢献の一つに、**あらゆる種類の契約書に紛争解決条項を盛り込むという着想**がある。その目的は、見解の相違の兆候が現れた時点で訴訟への発展を防ぐことにある。紛争解決条項はある意味、予測可能なハプニング、つまり、協定や契約の履行プロセスで生じ得る紛争に備える手段だといえる。どのような見解の相違が生じるのかは、正確には見通せないかもしれない。しかし、合意の解釈にどうしても違いが生じる、あるいは、状況の変化を受けて修正への要望が出ることは、確信できる。

私達パネリストに課せられた任務は、ファシリテーションや仲裁に加えて、紛争防止の重要性を説くという、簡潔なものだった。議論の糸口として、次のようなシンプルな風刺画を見せられた。誰かが崖の上から、真下に待機する救急車に目を凝らしている。救急車の運転手は、次にいつ転落事故による負傷者が出ても、すぐに病院に急搬送できる状態にあるが、転落自体を防ぐために崖の縁をフェンスで囲おうなどとは誰も考えたことがない……。これこそが私達の論点だった。つまり、避けられない事故に備えて救急車を待機させておくだけでなく、惨事を防ぐフェンスも作っておくべきなのだ。

建設業界では長年、パートナリング契約を利用して紛争を防止するのが慣例となっている。建設契約を結ぶ企業間の共同作業は、プロジェクト完了まで何年にもわたって続く例もある。大規模な建設プロジェクトでは、どの時点で遅延が生じても致命傷になりかねない。従って着工の前に、出資者、設計者、施工者、さらに場合によってはその他の当事者（建設労働組合など）が契約を結び、**①トラブルの有無に関わらず定期的に会合を持つ、②頻繁に連絡を取り合う、③進捗状況を共同で監視する、④仲裁者または意思決定権を与えられた調停人など、中立的なメンバーからなるパネルを常設すること**を取り決める。これにより、小さな見解の相違が生じた場合、問題がエスカレートする前に迅速に処理できるのだ。入念に練られた紛争処理方法を取り入れると、現実に、見解の違いや誤解の大半は防げる。これをはっきり裏付ける研究結果も少なくない。

ではなぜ他の業界では、紛争防止策が稀にしか講じられないのだろうか。私達は、各業界のリーダーたちが単に、パートナリング契約や常設の紛争解決パネルという概念を知らないだけかもしれない、と推測した。しかし、その可能性は低そうである。というのも、建設業界の仕事を手がける法律事務所の弁護士や企業内弁護士は、他の業界の仕事をする弁護士たちと同じ法科大学院で訓練を受け、他の業界でも同じように仕事をしているからだ。そこで私達は、紛争防止テクニックの利用を妨げる他の要因を探った。最も有力なのは、法律事務所（または弁護士全般）が障害になっているという説である。紛争回避の責任者を務めることに、どんな得があるのだろうか。訴訟のほとんどが回避されたら、法律事務所や法曹は収入の道を絶たれるではないか——。

私達は、紛争防止に成功したら報酬を得る条項を、あらゆる司法サービスの契約書に盛り込んではどうか、と提案した。例えば、商取引契約の作成や検討に関与する法律事務所は、契約期間内に訴訟が一度も起こらなかった場合には、金銭的なボーナス（例えば、成約見込額の一定割合）を受け取る、という条項を契約書に盛り込むのだ。常設パネルが仲裁の費用を必要としたときは（ただし、頻繁に仲裁が行われる場合は別である）、その分をボーナス総額から差し引くこともあり得るだろう。想像してみてほしい。当事者どうしが緊密に連絡を取り合って効果的なコミュニケーションを行い、誤解はすぐに解き、小さな意見の相違は所定の手順に沿って解消するよう、何人もの弁護士がプロジェクトや契約の最初から最後まで必死に仕事をするのだ。相応のインセンティブを与えられれば、弁護士は必ずや紛争回避のスキルを身に付けるはずである。

ＣＰＲの年次総会では、紛争防止に不可欠な４条件を取り上げた。①紛争回避または紛争処理の手続きについて順を追って説明した合意書を作成する。②トラブルの最初の兆候が現れた場合、各当事者の最上級マネジャーによる会議を義務づける（こう決めておくと、配下の全員が何としてでもトラブルを防ごうとするだろう）。③小さな問題が生じた時に、状況を理解していて、しかもメンバー全員から一目置かれる人物を慌てて探さずに済むように、中立者からなるパネルまたは中立者の席を常に設けておく。④紛争防止に向けた全員の意欲を保つために、金銭的なペナルティや紛争防止に対するボーナスをはっきり示しておく。私自身は紛争防止についても、今後はあらゆる顧客が法律事務所や弁護士に紛争防止の重視を求め、紛争防止の概念の速やかな普及を促すべきだろう、と考えている。

まとめ

紛争防止策

- 問題解決の具体的な手続きについての合意書を事前に作成する
- トラブルの兆候が現れたらすぐに対処すると、上級マネジャーに約束させる
- 必要な場合に速やかに助力を得られるよう、中立者を待機させておく
- 金銭的なペナルティや紛争防止に対するボーナスを具体的に設ける

相手が嘘をついている場合にどう対処するか？

嘘に対する最善の対処をめぐっては諸説が入り乱れている。一つには、嘘を聞き流して、あたかもその発言がなかったかのように振る舞う、という作戦がある。虚偽の発言に引きずられるのを避けようというわけである。二つめの作戦は、嘘をついた人について「何を言っているのか自分でもわかっていないのではないか」と示唆するというものだ。このやり方は、「疑わしきは罰せず」の姿勢を取り、（嘘ではなく）誤解しているだけだという前提でいるのが常に最善なはずだ、という発想にもとづいている。私はどちらにも賛成しない。私の見方では、**嘘に対する最も効果的な対応は、嘘を嘘として扱い、そのからくりを示し、正々堂々と反論する**ことである。

私は、「あえて虚偽の発言をしているな」と思ったときは、「それは嘘だ」と声に出して言う。その発言に注目が集まるよう仕向けるのである。私としては、見過ごすよりも、嘘として扱ったほうがよいと考えているのだ。

しかし、それだけでは十分ではない。なぜ嘘だと思うのか、動機は何かに関して、自分の見解を示さなければならない。私はこれを「洗い出し」と呼んでいる。動機は重要だ。なぜ真実を歪めて述べるのか、理由が一つも思いつかなければ、私はその発言を、無知や真実への無関心から来るものと見なすだろう。このため、何らかの発言を嘘と呼ぶときは、「発言者には真実を歪めて述べる動機があるはずだ」と確信していなければならない。

私は相手の動機について説明する時、中立的な人に虚偽を納得してもらえるような証拠を挙げる。例えば、「それは事実ではありません。1014ページの記述と食い違っています。社長の印象を悪くしようとしているとしか考えられません」「いいえ、あの日そんなことは起きませんでした。彼らがそう主張しているのは、自分達の印象をよくしたいからでしょう。その発言を打ち消す確かな情報があります」などと。

最後に、問題の発言を嘘だとする主張が自分のものであると、認めることが重要である。安心してそう主張できなくてはならないのだ。私は誰かの発言を虚偽だと指摘する場合は、表立って――可能であれば面と向かって――そうするはずだ。匿名で行うことはあり得ない。**相手の動機に関する説明の信憑性は、説明者に責任を負う覚悟があるかどうかによっても左右される。**

一例として、こんなふうに述べるとよいだろう。「それは嘘です。彼女は世間の注目を集めて有権者に取り入ろうとしているだけです。法案にそのような記載は一切ありません。それどころか、○○と書かれています。できれば本人と会って、主張の根拠がどこに書いてあるのか、きちんと説明してもらいたいものです」

嘘は嘘だと指摘しよう。嘘をついている人物の動機について仮説を立て、中立的な人からも受け入れられるような証拠を示して、嘘を洗い出そう。そして、反論の主《ぬし》が自分であることをはっきりさせよう。

まとめ

嘘への最も効果的な対応

- 嘘を嘘として扱う――「それは嘘だ」とはっきり言う
- 嘘である証拠を洗い出す
- 正々堂々と反論する

第 6 章

組織の交渉力を高める

——常に交渉を有利に進められる企業になるには？

リーダーの責任

望ましいリーダーシップをめぐっては、集権型、軍隊に近いトップダウン型、分権型、ボトムアップ型、自主管理型など、実に多くの理論がある。権力を振りかざして、脅しや懲罰に訴えることによって自分の望むとおりに部下を動かそうとすると、確かに部下は命令に従う。しかし、強引な手法に訴えないかぎり結果を出せないリーダーは、組織階層の減少とともに時代遅れになってきている。中間管理者層に大鉈を振るった組織は、一般社員に以前より大きな責任を果たしてもらう必要がある。このような状況を背景に、企業や団体は、多くの社員、ボランティア、支援者、投資家などに、何をすべきかを判断し、必要な取り組みをし、うまく協力関係を築いてもらいたいと考え、その動機づけをしたり、発破をかけたりする能力のあるマネジャーを探すことに、力を入れている。

このようなマネジャーを私は**「ファシリテーター型リーダー」**と呼んでいる。彼らはチーム、あるいは社員や事業パートナーが、野心的だが実現可能な課題を設定し、創意工夫によって問題を解決し、予想外の機会や脅威を前に互いや組織全体を変革できるよう、力添えをする。ファシリテーター型リーダーは、ウィン・ウィン型交渉に勝利するための力をみんなに授ける。

つまり、リーダーは、話し合いを条件の詰めへと持ち込み、ウィン・ウィン型の交渉を制するには何が必要かについての判断を、部下に任せなくてはならないのである。交渉のさまざまな局面を臨機応変に泳ぎ切る裁量を、認めなくてはならない。交渉者が上司や仲間に必要に応じて相談しながら下す判断を、後押ししなくてはならない。リーダーは、組織の交渉力を引き上げるばかりか、いっそうの強化に努め、交渉者を信頼し、大きな成果を上げた人には報償を与えなくてはならない。

私は合意形成や組織開発の知見をもとに、ファシリテーター型リーダーの行動には三つの特徴があると考えている。一つには、彼らはどのような仕事法や判断法をチームとして採用すべきかについて、部下達に意見を求める。二つめとして、同僚や部下の能力を高め、情報と自信をもとに判断や提案ができるようにする。意見を述べる機会を与えるだけでは足りない。ファシリテーター型リーダーは、専門情報や独立系プロフェッショナルの助言を得る機会をみんなに与え、有意義な意見が述べられるようにしなくてはならない。彼らの断片的な知識が大きな意味を持ち、判断の参考にされることも、伝えておく必要がある。三つめに、ファシリテーター型リーダーは合意形成による意思決定にみずからも加わる。すなわち、判断を押し付けたり、多数決を取ろうとしたりせずに、満場一致に近い決定にこぎつけるまで努力を続けるのだ。

トップダウン型を含む多くのリーダーは、「判断に直面した時には、誰かに相談するか、ともに意思決定をしたい」と口では言うが、実行は伴わない。彼らが望むのは、自分の判断の追認か、みんなの意見を聞いて決めたという体裁にすぎない。

他方でファシリテーター型リーダーは、関係者全員の意見をどう活かすかを明確にし、その方法を関係者に伝えて意見や要変更箇所を挙げてもらう。こうして、決めた方法どおりに物事が進むようにするのである。ファシリテーター型リーダーでさえも、時間などの制約をみんなに課さなくてはならない場合があるだろう。しかしその場合は、なぜ、どのような制約を設けるのかを、はっきり説明する。

第5章までで述べたとおり、合意形成を目指す際には、中立的な立場のファシリテーターや仲裁者に協力を依頼する例が多い。ファシリテーター型リーダーは、そのような支援を求めるのは弱いからではないと知っている。特に、大勢で力を合わせて意思決定をしようとしている時に、リーダー自身が特定のテーマについて意見を持ち、中立的とは言えない場合には、第三者を頼るのは理に適っている。合意を形成するには、みんなに**適切な問いかけをする**必要もある。例えば、各自に「どういった解決策が望ましいと思うか」と聞くのではなく、「関係者全員の利害に沿う解決策を提案してほしい」と水を向けるのだ。加えて、妥協を目指すのではなく**付加価値の最大化、すなわち、関係者全員の懸念にできるかぎり対処することを目指すべき**だ、と主張することも求められる。

ファシリテーター型リーダーは簡単に務まるものではない。「最善の解」を見出して、みんなに是が非でも言うことを聞かせる、従来型のビジョナリー・リーダーと比べても、間違いなく難しい役どころである。ファシリテーター型リーダーが直面する困難や厄介をいくつか挙げよう。彼らは、組織が関わる交渉すべてにみずから参加するようなわけにはいかない。その時々の状況に応じて提案や契約内容を工夫できるよう、交渉担当者に裁量を与えなくてはならない。組織全体の交渉力を伸ばして、交渉担当者が組織のために優れた判断を下せるようにする必要がある。

以下では、ファシリテーター型リーダーシップがいかに有効であるか、具体例をとおして示したい。この事例では、**危機下のコミュニケーションを、ダメージ・コントロールではなく交渉と位置づける**ことによって、ウィン・ウィン型交渉で高い成果を上げやすくなった。

怒れる人々が発言の機会を求めた場合

交渉担当者どうしの関係が良好だと、創意工夫による問題解決はすんなり進む。ところが、ギクシャクした関係のもとでは、「互いの利益に沿おう」などという発想はすっかり忘れ去られてしまう。それどころか、相手に損をさせたい一心で、実利を手放すことさえある。特にそうなりやすいのは、大きな注目を集めた交渉が泥沼化した場合である。悪い評判が立つと、経営陣は広報対応や危機管理に必死になるあまり、交渉に関わっている事実をすっかり忘れてしまう。

私は同僚のパトリック・フィールドとともに、企業や政府組織が過去の行い、将来プラン、あるいは最悪の場合には理念や目的に関して消費者の怒りを買った場合、経営者や高官がどう反応するのかを調べた。エクソン・バルディーズ号の原油流出事故、動物愛護問題、スリーマイル島の原発事故といった実例を調査した結果、百戦錬磨の経営者や高官でさえも、交渉に際して付加価値創造のプロセスを完全に飛ばしてしまう傾向があるとわかった。多くのリーダーは、保身や反対派の攻撃に躍起になるあまり、自分達にとって最も望ましい結果を追求し損ねるのだ。

「危機下では交渉などしている場合ではない」という、一部の広報専門家の意見に接すると、怒った人々との対面を恐れる経営陣はほっと胸をなで下ろすだろう。コミュニケーションの専門家は従来、危機的な状況ではメッセージ管理に注力するよう企業に助言してきた。情報公開はできるだけ控え、責任を否定し、敵対者の見解を正当化するような会議はいっさい避けるように。相手の主張を批判して世論を味方につけ、専門家や著名人に依頼してこちらに好意的なメッセージを発してもらうとよい。もしこれらすべてが失敗したら、カネを渡して相手を黙らせる準備をしよう——。

このような助言は、**怒った人々が何より求めるのは意見を聞いてもらうこと**だ、という事実を無視している。紛争対応の専門家に言わせると、コミュニケーションにおいて、互いが自分達の立場を主張したり、相手に特定の行動を取るよう要求したりするだけだと、前進はほとんど期待できない。むしろ、怒った相手とのやりとりを「交渉」と位置づけて、互いの利益になる合意に辿り着くことを主な目標に据えるとよい。合意など無理そうに思える場合でさえも、協力し合って価値を生み出す例は少なくない。私達は官民両方の過去の慣わしを調べた結果、怒った人々を前にしてウィン・ウィン型交渉を制するための六つの処方箋を見出した。

▩処方箋1　相手の不安や心配を汲み取る

これは容易ではなく、特に、賠償問題を気にかける弁護士が関わっているような場合は、実行が難しいかもしれない。しかし、**他者の心配をじっくり汲み取る組織は、えてして大幅な譲歩をせずに済む。**例えば、第1章で取り上げたアナコンダのように、賛否両論ある工場を建てようとする企業は、工場新設によって弊害が生じないかと心配する近隣住民と会談するかもしれない。そして、建設に乗り出す場合は、国、州、地元自治体の関連法規や規制すべてに従うと約束する可能性もある。

原油流出など、企業の行いのせいで被害を受けた経験を持つ人々は、謝罪を求めて市民運動を繰り広げるかもしれない。土地を奪われた先住民が、何世代にもわたる苦難への謝罪を求めて交渉に腰を上げる例が、世界の各地で起きている。企業の経営者や政府高官は一般に、過去の出来事に関する自身の責任を否定する。むしろ、相手の過去の苦難を重く受け止める声明を発表し、謝罪は避けるのが、よりよい対処だろう。多くの場合、責任を認めたり、賠償義務などを負ったりしなくても、人々の不安を受け止めることはできる。これもまたファシリテーター型リーダーシップの一つの側面である。

■処方箋2　共同での事実調査を促す

相手と共同で分析や予測を行うと、緊張関係を打開して互いの利益を生み出せる例が少なくない。共通の分析枠組みがないと、ともすると我慢くらべになってしまう。残念ながら、追い詰められた経営者は、自分達の見解を支持して相手の信用を落とすような専門家や技術アドバイザーを雇おうとする傾向がある。こうなると、他の章でも述べたように、専門家どうしの批判合戦が起きてしまう。

健康や安全にまつわる論争では、偏りがなく信頼に足るデータをもとに交渉することが重要である。一例として、遺伝子組み換え食品をめぐる論争では、そのメリットとデメリットに関して科学者と環境保護主義者とも、自分達に都合のよい理屈を世間に示してきた。むしろ、両者が共同で事実を調べたほうがよい。第1章の繰り返しになるが、共同事実調査は以下のようなプロセスで行う。

・見解や専門の異なる評判の高い専門家を何人か、共同で選ぶ
・彼らと協力して、扱うべき科学的疑問を列挙する
・合意ができている点、意見の分かれる点を、専門家の手ではっきりさせる
・専門家の分析についての質疑を、中立的な第三者の力を借りて行う
・専門家に、利害関係者からの質問を踏まえて、調査結果の解釈を示してもらう

共同事実調査を行うといっても、科学者や専門家に判断を委ねるわけではない。しかし、彼らの持つ貴重な情報を交渉に活かす助けにはなる。

■処方箋3　条件付き合意を呼びかける

専門家がどのような分析結果を出そうとも、多くの論争の核心をなす予測には、常に一定の不確実性が伴う。企業の側では、自社の計画は反対派が主張するような悪影響など及ぼさないと主張し、相手方はそれとは逆の論陣を張るだろう。共同で事実調査をして、論争の対象が狭まったなら、次のステップでは両当事者にとって満足のいく付帯条項を設ける（条件付き合意については第3章、第5章でも触れた）。付帯条項とは、期日が守られなかったり、業績が基準を上回ったりした場合にだけ、効力を持つ決めごとである。自分達の工場計画は無害だと確信しているなら、万一、相手方の恐れる悪影響が生じたら是正措置を取る、と約束するのにやぶさかではないはずだ。

土地開発をめぐる論争で周辺住民は、アナコンダの新工場予定地の近隣住民と同じく、往々にして開発プロジェクトのあおりで不動産価値が下落するのではないかと気を揉む。開発業者は、委託調査の結果を示してそのような不安を拭おうとするかもしれない。彼らが自分達の予測を信じているなら、不動産価値の保証を申し出ようとするはずである。一度そのような条項が設けられたなら、誰の見通しが正しいかはもはや問題ではない。付帯条項を用いると、将来見通しの食い違いを乗り越えて交渉を前に進めることができる。

■処方箋4　責任を受け入れ、失敗を認め、権限を分かち合う

過去に与えた損害への責任を認めないかぎり、新たな合意にいたらない場合もある。フロリダ州のある病院は、医療過誤により小児の死亡を招いてしまった。悲嘆に暮れる遺族は、同じような悲劇が二度と起きないよう願い、病院に対してある変更提案を示した。変更は、病院側が過誤の責任を認め、亡くなった子どもの両親や世間の人々と協力して医療手順を見直さないかぎり、実現しない。この事例では、病院は責任を認めた後、損害賠償などの負担が軽減したことに気づいた。

アメリカのような訴訟社会では、法律の専門家は顧客に、いっさいの過失を認めないよう釘を刺す。しかし、たいていの論争では、相手に過失を認めさせることこそがまさに多くの怒れる人々の悲願である。**損害を被った側が求めるのは、「自分達の窮状が理解された、過去の過ちはもう繰り返されないだろう」という納得なのだ。**失敗を認めてその責任を引き受けようとするのは、極めて優れたリーダーの証である。

■処方箋5　どのような時も信頼に足る行動をとる

これは当然だと思われるかもしれないが、信頼醸成のプロセスをじっくり検討すると、なぜ実行が難しいのかが容易にわかる。信頼を築くための基本ルールは、**本心を述べる、言ったことを実行する**、の二つである。

もちろん、敵対的な相手の前では、常に信頼に足る行動をとるのは難しい。弁護士や企業の広報は、平静を装うよう経営陣に求めるかもしれない。相手を納得させようとする際には、上辺を取り繕ったり、ハッタリを言ったりする誘惑に駆られる恐れがある。しかし、後になって、誇張、事実の秘匿、偽りなどが露見したら、信頼は二度と取り戻せないだろう。渦中にある経営陣は、信頼を失って初めて過ちに気づく場合もある。

■処方箋6　長期的な関係の構築に力を注ぐ

親密な相手との交渉では、たいていの人は相手を好意的に解釈しようとする。相手との今後の関係を考えて、関係者全員にとって望ましい合意条件を探る。対照的に仕事の場面では、対立をその時限りの視点で捉えがちである。ほとんどの場合、これでは視野が狭すぎる。

＊　＊　＊

実際のところ、大多数の交渉では、合意内容を確実に実行するためだけでも、相手との間で良好な関係を保つ必要がある。合意にいたった後でも何らかの問題が必ず持ち上がる。もし交渉の最中に後に引けない状況を作ってしまったら、問題の解決は難しくなるだろう。そのうえ、進行中の交渉は業界内でのあなた、そしてあなたの会社の評判を左右する可能性が高い。

このため、交渉では常に相手との関係は重要だという前提で臨むのがよい。これは両者の間にわだかまりがあると難しいかもしれないが、約束を確実に守る必要性についてあらかじめ考えておくと、全員の利益になるはずである。

怒った人々と交渉するための六つの処方箋は、**「たとえ当事者どうしが激しく反目していても、交渉をウィン・ウィン型に持ち込んで勝利するには、付加価値を生み出す努力が求められる」**という前提に立っている。ファシリテーター型リーダーはこれを心得ている。何と言っても、価値全体が大きくなれば、おのおのの取り分も増える可能性が高いのだから。

グローバル組織の交渉効果を高める

世界中あるいは広大な地域のここかしこに事業部や主立った人材を擁する、グローバル組織を想像してほしい。仮にあなたがそのような組織のマネジャーだとしよう。5、6カ国に事業展開する多国籍企業、アフガニスタン各地に前哨基地を持つアメリカ軍、あるいは世界中に多数の出先組織を持つ環境NGO（非政府組織）などいずれでもよいが、あなたの組織のメンバーが巧みに交渉をこなすには、**必要な情報をすぐに入手でき、交渉で示された提案への他部門の反応を掴むことができ、過去に自分達の組織が似たような交渉にどう対応したかを詳しく知る立場**になくてはならない。これらはみな、十分な情報と支援を手に入れて、相手にとって悪くなく、自分達にとっては大成功となる提案をするために欠かせない条件である。

密なコミュニケーションは、三つの理由により、交渉を成功へと導くうえで重要な役割を果たす。第一に、ある人や部門が得た教訓は、それを正確に速やかに共有できる場合は特に、他の人や部門にとって非常に役立つ可能性がある。第二に、交渉の成否が、他の人や部門がじかに関わってくれるかどうかに左右される場合もある。ヨーロッパのセールス担当者の契約交渉は、アジアの担当者に加わってもらわないと前に進まないかもしれない。北部の前哨基地の兵士が未知の相手と交渉する際には、その相手と交渉経験のある他の前哨基地から情報を得たいと考えるだろう。世界規模のＮＧＯのアフリカ支部は、ヨーロッパ支部が以前に付き合いのあった多国籍企業の子会社と、会合を控えているかもしれない。組織間の交渉を巧みにこなすには、過去の経験を活かす、そこでの教訓に学ぶ、組織から課された期限、目標、慣習を忘れない、といった心がけが求められる。第三に、交渉が始まってから、それまでは考えていなかった取引条件が持ち上がる場合がある。これは、相手と最終合意をする前に、組織の許可あるいは意見を得なくてはならないことを意味する。

最近ではオンライン・ツール、とりわけソーシャルメディアが氾濫しているが、オンラインの交渉支援ツールを導入した組織は非常に少ない。確かに、交渉への備え方や、意見交換をとおして持ち上がった提案の評価の仕方を学ぶための、個人向けソフトウェアはあるだろう。しかし、それらの狙いはあくまでも、個人の交渉力向上を助けることであり、分権的な組織が必要とする人材や情報その他を集めやすいように設計されたものではない。

分権的な組織の交渉力向上を支援するために、**オンライン交渉支援システム**の仕様を決めようとする取り組みは、さまざまな場で行われている。あなたの組織でも、独自のオンライン交渉支援システムを検討しているはずだ。そのようなシステムはフェイスブックと同じくらい簡単に利用できるのが望ましい。利用者は間違いなく、画面表示や操作手順を変えたいと考えるだろうが、プログラミングなどはいっさい不要でなくてはならない。セキュリティ対策も忘れてはならない。軍部のリーダー達は、盗聴される恐れがないと確信できなければ、オンライン交渉支援システムを使わないだろう。つまり、通常のオンラインシステムではなく、いわば高い壁で守られたシステムが前提になる。

　支援システムと通信ネットワークを用いて交渉に携わる人々に対してはおそらく、大切な交渉の状況を把握しておくよう、組織のトップからインセンティブと明快な指示を与える必要があるだろう。状況を報告するための使いやすい定型書式も欠かせない。「よい」「悪い」のアイコンをクリックするだけで過去の交渉事例を評価するような、ごくシンプルなものがよい。過去の交渉の結果は、タグをつけて保存し、組織内のさまざまな人が簡単に参照できるようにしておく必要がある。私が想定しているのは、新たな交渉パターンが生まれたり、利用者がこれまでにない質問を抱いたりした場合に、それに対応して自動的に新たな知見を提供するような学習システムである。同じシステムが、リアルタイム・コーチング（これについては後述）や交渉に関する緊急アドバイスにも使えるだろう。利用者は、所属組織が何を最良の慣行《ベスト・プラクティス》と考えているかを、素早く調べたいと考えるだろう。

　これらすべての機能に対応した組織学習プラットフォームを築くのは、比較的簡単である。まずは、個々の社員だけでなく組織としての交渉力を高めたいかどうか、考えてみよう。次に、社員が交渉に関してどのような情報、助言、支援を求めているか、探り出すとよい。意図せず交渉の邪魔をしてしまった社内事例を、資料にしてあるだろうか。この種の資料は必ず用意しておくべきだろう。あなたの組織の分権化度合いにかかわらず、マネジャーや一般社員がウィン・ウィン型の交渉を容易に勝ち抜けるよう、学習プラットフォームを企画、設計することはできる。

通訳に惑わされるな

ビジネスのグローバル化が進展するなか、多文化環境をうまく泳ぐ技能は今よりはるかに重視する必要がある。組織リーダーは、**マネジャー達の多文化対応スキルを高める**方法を探すべきだ。交渉の両当事者が同じ言語を話す場合でも、文化の違いのせいで期待内容にズレが生じたら、メッセージがうまく伝わらない恐れがある。それでも、正しい戦略で臨めば、異文化の壁を乗り越えられる。

アメリカ企業ブルズアイのもとには、アジアには高級オフィス用品の大きな市場があることを示すデータが集まりつつあった。そこでブルズアイの経営陣は、日本と韓国のオフィス用品販売大手数社に連絡を取った。ある日本企業が好意的な反応を示し、会議のためにアメリカに社員を派遣してきた。

ブルズアイのアメリカ人達は、自社とその製品について分厚い報告書を作成し、マルチメディアを活用した派手なプレゼンテーションを行った。片や日本人はこれといって準備をしてこなかったように見えた。ブルズアイの顧問弁護士は日本人に、会社の成り立ちと財務についての情報を求めた。すると相手は、質問を受け流してブルズアイのCEOのほうを向き、来日を要請した。

CEOは「マーケティング幹部を派遣しましょう」と返事をする。

日本人はこの言葉に困惑したようだ。「弊社の社長はあなたとお会いするのを楽しみにしています」。CEOは何と言ってよいのかわからなかった。

たとえ同じ言語を使って善意で交渉に臨んでいたとしても、文化が違えば特別な課題が持ち上がる。もし交渉当事者が事前調査をして交渉に臨んでいたら、文化の違いを理解し、乗り越えていただろうか。

・日本では交渉相手と接触する前に、水面下でかなりの準備作業を行う。アメリカ人の経営幹部がこの慣わしを知っていたら、会合に先立って日本企業についてもっとはるかによく調べておき、日本からの出張者に、おそらくすでに知っているであろう情報を大量に提供することはなかっただろう。

・アメリカでは、ビジネスの場で弁護士が果たす役割が日本よりもはるかに大きい。日本からの出張者がこれを知っていたら、弁護士が真っ先に質問してきたからといって、さほど驚かなかったはずである。

・日本では、面識のない相手にビジネス上の用件で連絡を取りたい場合、信頼する財務アドバイザーや事業パートナーに仲立ちを頼む例が多い。こうすると、仮にビジネス上の関係を築くのが適切ではない、あるいは望ましくないとなった場合、互いの面目を潰さずに話し合いを打ち切ることができる。ブルズアイのアメリカ人はこの慣習を知らず、日本からの出張者の使命を誤解したのだろう。出張者は、交渉や意思決定の権限を与えられておらず、話し合いを深める意味があるかどうかを探るためだけに派遣されたのだった。

・日本の組織では、取引を始める用意ができると一般に、詳細についての話し合いに入る前に、まずは経営幹部が相手企業の幹部と会おうとする。このためブルズアイのCEOは、日本企業の社長を訪問しようとしなかったせいで「提携関係を探る意思がない」と見なされ、契約の可能性が潰れかねない結果をもたらした。

■異文化交渉に関するアドバイスは役立ったか？

交渉の専門家達はここ数十年、異文化の壁を乗り越えるためのさまざまな戦略を唱えてきたが、そのすべてが成果を上げているわけではない。以下に最近の戦略をいくつか紹介する。

「正直であれ」

1970年代後半から80年代前半にかけて、「アメリカ人が海外で取引や契約をしようとする際は、いつもと同じように交渉して、相手にこちらのやり方に合わせてもらうべきだ」という意見が主流だった。このやり方は、他国の事業パートナー候補に「英語を学ぼう」という気持ちを起こさせたかもしれないが、異文化コミュニケーションの増進にはまったくと言ってよいほど役立たなかった。アメリカの交渉者が自分達の流儀を押し通し、相手の文化に無関心なままでいると、両者とも、相手の意図や象徴的な行動の意味がわからず混乱した。

「郷に入れば郷に従え」

ほどなく、異文化環境で従来のやり方にこだわると、コミュニケーション上の深刻な障害を乗り越えられないと判明した。その結果、振り子が逆に振れた。80年代半ばに広まった交渉戦略は、「アメリカ人は他の文化の交渉スタイルをもっと学ぶ必要がある」と強調した。例えば、海外での事業機会を探るアメリカ人マネジャーには、相手国の文化にふさわしいコミュニケーション手法を紹介するセミナーを薦めた。

残念ながら、この潮流は新たな問題を引き起こした。一つには、たいていの人々は、従来とまったく違う交渉法になかなか慣れなかった。多忙なエグゼクティブには、そこまでの熱意、時間、努力を傾ける余裕などなかった。他国の交渉相手はおそらく、アメリカ人が慣れない状況で奮闘して身に付けた妙な交渉スタイルに困惑するか、うまく適応できずに起こしたミスに付け込むか、どちらかだろう。いずれにしても、アメリカ人交渉者にとっては大いに落胆する結果となった。

文化の違いに気を配るように

90年代初めになるとまたも潮流が変化した。以後アメリカ人は、「自分達の交渉上の強みを損なわずに文化の違いに気を配るように」というアドバイスを受けるようになった。多くの企業が、現地での交渉の秘訣を説くガイドブックを海外スタッフに配った。

・中東では、テーブルに足を載せて靴の裏を交渉相手に見せるようなことは、してはならない。
・ラテンアメリカの一部では、取引の際に値切らないと、「本気ではないのだろう」と誤解される。
・日本では、「相手とのお付き合いは契約を結んでから」などと先延ばししないこと。

この手法は、「異文化に配慮するといっても、結局はステレオタイプ化するだけではないか」という疑問に答えていない。このため、交渉相手の海外経験や教育環境によっては、型にはまった適応努力のせいでかえって気分を害しかねない、という事実を見過ごしている。つまり、**国ごとではなく状況ごとに対応を決めるのが望ましい**のだ。

事実、交渉においては、文化ごとのしきたりは私達が考えるほど大きな意味を持たない。80年代の一時期、ブラジル人とドイツ人、アメリカ人と中国人などのあいだで行われる異文化交渉にどういった壁が立ちはだかるかを、文化人類学者が調べて資料にまとめようとしたが、失敗に終わった。なぜなら、一般的な文化的背景よりも、当人達の経歴、技能、流儀のほうが大きな意味を持つことがはっきりしたのだ。

■交渉相手の個性を考慮に入れる

以上のアドバイスや金言はいずれも、異文化交渉の決め手にはならないと判明している。その大きな原因は、個性の重要性を見落としている点にある。読者のみなさんには、事業パートナー候補を文化使節としてではなく、独自の人格や生い立ち、経歴を持つ個人と見なして接するよう、勧めたい。異文化の出身者との話し合いに備える時は、以下の指針に従うとよい。

相手の経歴を調べる

交渉相手の経歴は少し調べればわかるはずだ。相手が他国との交渉経験を積んできた人の場合、ステレオタイプの見方やそれに沿った交渉戦略は、コミュニケーション上の問題を解決するどころか、新たな問題の火種になる可能性が高い、と考えてよいだろう。交渉相手に関する情報を得にくい場合は、相手の所属企業あるいは組織に伝手のある人に頼んで問い合わせをしてもらおう（ただし、先方に何かを約束するようなことは避けるよう、釘を刺すのを忘れてはならない）。

相手と同じ文化の出身者にアドバイスを求める

海外経験や異文化体験をほとんど持たない人と交渉することになりそうな場合は、相手と同じ文化の出身者にアドバイスを求めることを検討しよう。交渉相手との話し合いの最中にアドバイザーに意見を求めるよりは、追加のアドバイスを受けるべきタイミングを示す合図を決めておいて、その合図に沿って休憩を取るようにしておくとよい。するとアドバイザーは、文化の水先案内人としてあなたの状況判断を助け、必要に応じてコーチングを行い、手痛い失敗や誤解に気づいた時は間に入ってくれる。

交渉の展開にじっと注意を払う

交渉の最中は相手の話に耳を澄まそう。満足のいく返事が得られない場合は、質問の仕方を変えて再度水を向けるとよい。相手の発言の趣旨が定かではないなら、自分の理解でよいか確かめよう。**「異なる文化で暮らし、働く人どうしは、同じ出来事でも見方や解釈が分かれる場合が多い」**と考えておいたほうが安全である。もっとも、現在のようなグローバル時代には、個人レベルの共通点は思いのほか増えているのも確かである。直感を無視せず、マナーに気を付けるとよい。

ビジネス・プロフェッショナルの大多数は、契約に向けた話し合いを前に進めるために技術や法律の専門家の助力が必要な時には、自分からそうと気づく。同様に、多文化交渉に携わる人も、状況をあらかじめ見通したり、交渉の行方を握る合図や行動をうまく解釈したりするためには助けが必要だと、悟るべきである。

まとめ

交渉相手の文化的背景に縛られず、個性に着目しよう

- 交渉相手の経歴を調べる
- 相手と同じ文化的背景を持つアドバイザーに力添えを求める
- 交渉の状況を注視する

■言葉の壁を乗り越える

母国語の異なる人どうしが交渉する場合は、意思の疎通を図るために通訳を介する場合があるだろう。しかし、果たして意図は正確に伝わっているのだろうか。

研究者のレイモンド・コーエンは、意味のズレなど、通訳を介することによって生じる問題が交渉に及ぼす負の影響を調べている。彼が引き合いに出すサピア＝ウォーフの仮説を突き詰めていくと、「言語が現実認識を左右する」という主張につながる。1950年代には、異なる言語を話す相手と交渉する人は、自分の知らない言語だけでなく、自分にとって親しみある言語からも制約を受ける、という説が非常に大きな影響力を持った。

サピア＝ウォーフの仮説にはさらに極端な解釈もなされているが、言語学分野の最近の研究はそれに疑問を投げかけている。今日ではほとんどの言語学者が、「言語は私達の認識を促したり、縛ったりするが、認識内容から完全に曖昧さを取り除くわけではない」という理論を受け入れている。ここからは、**交渉者に忍耐と気配りがあれば言葉の壁は越えられる**、という教訓が得られる。

たゆみない改善に向けて

あなたはついに契約にこぎつけた。何カ月ものあいだ出張を繰り返し、果てしないような会議を重ねて、自分にとっても会社にとっても納得できる合意に辿り着いた。もっとも、望んでいたよりもやや劣る内容であるのは確かだが……。あなたは、大きな疲労をもたらした経験を忘れて、平常業務に戻るのを楽しみにしている。

――こんなふうに感じたとしても、珍しいことではない。込み入った交渉に携わったマネジャーが何より望むのは、過ぎ去った経験をきれいさっぱり水に流すことなのだ。残念ながら、このような姿勢でいると交渉経験のかなりの部分が活かされずに終わるため、組織にとっては深刻な損失となる。

交渉スキルは一朝一夕に身に付くものではない。むしろ、各人がたゆまず向上を図るほか、組織による熱心な後押しも求められる。組織に交渉力向上への継続的な取り組みを根付かせるには、どうすればよいのだろうか。私は、①各マネジャーの交渉力がどの程度の水準にあるかを見極め、②交渉準備のチェックシートを活用し、③折に触れてコーチングを行い、④主な交渉の結果を、成功例、失敗例とも組織全体に知らせる、という4点を提案したい。こうすると、各人が個々の交渉経験から教訓を引き出し、その知識を会社や所属組織のために活用できる。交渉をウィン・ウィンに持ち込み、高い成果を上げるには、その時かぎりではない粘り強い努力が欠かせない。

■折々に交渉力を把握する

多くの組織は幹部を対象に厳しい業績査定を行っているが、交渉力を重要なスキルと位置づけて把握している例はほとんどない。それどころか、交渉は一般に、ＥＱ（こころの知能指数）、対人スキル、説得力といったカテゴリーの一部とされている。３６０度評価の交渉関連の質問もたいていは、「十分に準備をしているか」といった重要な点を探る役割を果たしていない。交渉力を見極める際は一般に事後の報告に頼るため、詳細を見落としてしまう。

交渉力が向上しているかどうかを正確に摑むには、何回かの重要な交渉とその前後の様子を観察しなくてはならない。**交渉前に準備状況を確認する**と有益である。自分の側だけでなく、相手の利害関心についても、時間をかけて考えただろうか。組織からの指示内容と自分の権限をはっきり確かめてあったか。双方の利益になる提案を適切なタイミングで持ち出せるよう、いくつかの腹案を持っていただろうか――。

交渉そのものの巧拙を見極めるには、相手の関心事にどれくらい耳を傾けたか、提案された内容をもとに即座に相手の優先事項を察したか、探り出す努力をすべきである。相手とどのような関係性を築いただろうか。付加価値を巧みに創造しただろうか。交渉の後、合意内容を実行に移すために社内の調整をうまく進めたか。合意時に想定していなかった事業環境の変化など、予想外の出来事に対処できたか。

交渉の巧拙を業績評価の対象にして、適宜フィードバックを行う仕組みを整えたとしても、手腕をどう評価するかという厄介で根本的な問題が残る。果たして、高い査定に値するだけの十分な価値を生み出したのだろうか……。経営上層部は、査定を導入する前に内部基準をはっきりさせるべきである。一例としてブリストル－マイヤーズ・スクイブは、基準を導入したばかりか（特定の重要な交渉に関して里程標を設けた）、上級マネジャー向けに、直属の部下の交渉力を見極めて建設的な批判を加えるための研修を実施した。大切なのは、ペナルティを科さずに自省を促すことである。交渉力の査定をとおして自己評価に卓越したマネジャーを育成できたなら、何よりである。

■交渉準備のチェックシートを活用する

どのような状況になったらテーブルを離れるべきか、見当を付けるために、交渉前に社内で検討しておくべきである。仮に上級マネジャーがそのために時間を割こうとしなかったり、「とにかく顧客だけは失うな！」などという中身のない助言しかしなかったりする場合は、交渉準備が十分にできなくても本人の責任ではない。

一つの解決策として、交渉準備チェックシート（この項の末尾にサンプルを載せてある）を活用すると、組織全体を巻き込んで必要な準備を行い、事後に成果や手腕を振り返る助けにもなる。このワークシートに従うと、交渉戦略に盛り込むべき要因を洩れなく考慮し、見通しや予測すべてについて上層部の承認を確実に得ることができる。このため、交渉後の成果査定の土台ができ、交渉者と上司がともに意図したとおりの結果が得られたかどうかを確認できる。

ボーナスなどの報償を査定するに当たっては、交渉の結果だけを見るのではなく、当初の期待と比べてみることを忘れてはならない。つまり、**合意によってもたらされる価値が、準備チェックシートに記載した目標を上回るかどうか**を、確かめるのである。ともすると、結果論だけであれこれ批判することになりかねない。

■継続的に交渉術のコーチングを受ける

交渉経験を組織全体として活かしていくには、反省にもとづく訓練が有効である。具体的には、各交渉の結果を当初の期待と比べながら振り返り、次回はどうすべきかを議論するのだ。各人は自分の担当した交渉について率先して反省すべきだが、経験を本当の意味で糧にするには、ほとんどの人は相談相手《メンター》から継続的なコーチングを受ける必要がある。

交渉者にどのようなコーチを付けるかは、慎重に決めるべきである。上級マネジャーがみなコーチに適しているわけではなく、コーチがみなコーチング相手とうまくやっていけるわけでもない。理想を言えば、上級マネジャーは直属の部下全員に、交渉についての助言とフィードバックを与えるのが望ましい。しかし、いくつかの理由によりこれが実現する可能性は低い。上級マネジャーは多忙でそこまで手が回らないだろうし、自身が熟練したコーチや交渉者ではない恐れもある。しかも、部下は自分達の弱点を率直に明かさないだろう。これまでの経緯によって上司と部下の信頼関係に揺らぎが生じている場合、部下である交渉者は「自己評価を上司から覆されるのでは」と不安を抱くだろう。

これらの理由により、私は企業に対して、社員に交渉についての助言や支援を折に触れて与えるための組織を設けるよう、アドバイスしている。これを実行したのは、今のところヒューレット・パッカードなど大企業だけだが、小規模ながら似たような取り組みはどの企業にもできるはずだ。このような組織のスタッフは（スタッフが一人という例もあり得る）、交渉の準備を助け、交渉過程で分析にもとづく助言を与え、交渉結果がまとまった後は事後評価を行う。加えて、全社の交渉事例を把握して、役に立ちそうな研修やリソースに目星を付ける場合もあるだろう。問題を抱えてばかりいる交渉者には社内外のコーチを付けてもよい。支援を必要とする部門を探り当てて、定期的に上層部に報告すべきである。大企業にとって、このようなセンターを設置した場合のＲＯＩ（投資収益率）はかなり高いだろう。小規模な企業でさえ、一つの交渉に関してささやかなアドバイスをしただけでも、その年度の収益に貢献する可能性がある。

コーチングを行っても、全員が共通の枠組みを持っていないと成果につながらない。直近の交渉について有益な助言をしようにも、交渉用語をみんなが知っていないと、苦労することになる。そのうえ、基礎的な交渉理論を全員が押さえていないと、「こうすべきだ」というアドバイスの意義が理解されないだろう。

コーチは交渉者にフィードバックや励ましだけでなく、試行錯誤の機会をも与える。最近の交渉で何か失敗した人は、「次回は別のやり方を試そう」と決意するかもしれない。すると、その結果をもとに、前回より進歩したかどうかを見極める必要が生まれるだろう。このような取り組みを記録せずにいると、何を教訓にできるか、あるいはすべきかを容易に見失ってしまう。これらの取り組みはどれも時間と熱意を要する。交渉のコーチングは、組織にとっての重要事項と位置づけないかぎり、何か差し迫った案件が持ち上がった際にいとも簡単に脇に追いやられてしまう。

■交渉結果を社内に報告する

一部の企業は、交渉力をいっそう高めるために**社内向けの交渉ニュースレターを発行して、セキュリティを確保したイントラネット上に掲載**している。発行責任者は毎月、社員が担当した交渉の中からどれかを選ぶ。取り上げる案件が決まったら、ビジネス・ジャーナリストに依頼して関係者すべてにインタビューを行い、場合によっては社外の人にも話を聞く。毎回同じ基準に沿って交渉の成果を分析し、事実説明も加える。事前準備のよい点と悪い点を大きく取り上げ、膝詰めの話し合いの効果を見極め、交渉結果を実行に移しているかどうかを追跡する。

定期発行の交渉ニュースレターは三つの役割を果たす。一つには、**交渉の出来不出来に会社が関心を寄せていることを、社員に気づかせるきっかけ**になる。二つめに、**会社がコーチングや業績レビューで活かして欲しいと考える主なコンセプトや理論を、社員に周知徹底**させる。三つめとして、**上級マネジャーに交渉について考えさせ、組織としてコーチングに力を入れていることを強調**する。

ニュースレターを効果的なものにするには、成功例だけでなく失敗例も紹介しようという意気込みが欠かせない。これは、誰もが「まわりから交渉上手と見られたい」と考える競争の激しい環境では特に、実行するのは難しいかもしれない。掲載対象に選ばれた人に対しては、全社の成功に貢献しようという意欲と率直さを称えるべきである。さもないと、せっかくニュースレターを発行しても大きな効果は期待できない。

■交渉準備のチェックシート

チェックシートを組織の全員に配布して、重要な交渉に携わる人々には、十分に時間をかけて以下の問いに答えることを勧めよう。

□これから臨む交渉に関して、自分（達）はどのような権限を持っているか。
□以下の分析内容を誰に承認してもらう必要があるか。
□この交渉で自分（達）の利害関心は何か。
□相手の利害関心は何か。
□自分達のＢＡＴＮＡ（最も望ましい代替案）は何か。
□相手のＢＡＴＮＡは何か。相手が強気のＢＡＴＮＡを持っている場合、それが果たして現実的な中身かどうか、どうやって疑問を投げかけるか。

□どのような提案をすれば、相手の利益に適い、こちら側にとって願ってもない結果になるだろうか。
□こちらにとって最善の提案条件を選ぶために、どういった理屈、基準、理由を示せるだろうか。交渉相手に、その提案条件を持ち帰って身内に薦めてもらうには、どのような後方支援ができるだろうか。
□こちらの提案が相手に受け入れられた場合、それを実行に移すうえで起きそうな問題は何か。

まとめ

組織の交渉力をたゆまず向上させるには

- 交渉の成果を把握、評価する
- 準備チェックシートを活用する
- 継続的なコーチングの機会を提供する
- 主な交渉の結果を報告する

交渉術研修に投資する

フォーチュン500に名前を連ねる某企業の人材開発部長は、幹部上位150人全員に交渉術の研修を受けさせる責任を負っていた。そこで、さまざまな選択肢を検討した後、ある有名研修会社にアメリカ、ヨーロッパ、アジアの計4カ所で2日間の集中研修を実施してもらうことにした。参考資料、講義、ロールプレイ、ケーススタディという通常の内容に加えて、この企業の抱えるセールス上の課題に密接に関係するカリキュラムが、上級トレーナーによって付加された。研修は開始から終了まで6カ月かかったが、人材開発部長はそれだけの時間と労力を傾ける意義があると考えた。120人の上級幹部が受講して、好意的な評価を示した。

研修が終了した2カ月後、人材開発部長のもとにCFO（最高財務責任者）からメールが届いた。35万ドル近くもの費用を費やして交渉術の研修を実施したというのに、その後、長年の顧客から契約更新を断られたのだという。CFOからのメールには、「研修が費用に見合った効果を持つという根拠は何ですか」と書かれており、人材開発部長は返答に窮した。

アメリカ企業は年間で数百万ドルを交渉術の研修に費やしている。全米から受講者を集める標準コースに人材を派遣する場合もあれば、コンサルタントに委託して自社特有のニーズに沿ったコースを企画する例もある。受講者は１、２日のコースの後に通常業務に戻り、少なくともしばらくは研修で学んだ交渉術を実地に活かそうとする。

交渉術研修に莫大な費用がかかる事実は、重大な問いを投げかける。平均的なマネジャーは、短期の研修コースからどの程度のことを学べるのだろうか。標準コースと個別企業向けのカスタマイズコースはそれぞれ、どれくらいの付加価値を組織にもたらすのか。価値はどう測定すればよいのか。交渉者のタイプごとに最も役立つ研修手法は何か――。

交渉準備チェックシートに関連して述べたように、交渉は担当者だけの仕事ではなく組織にとっても大切な仕事である。全社の交渉手法を改めると、社員が研修で身に付けた好ましい習慣を徹底させ、長期的なイノベーションを促進することができる。ただし、交渉術研修のＲＯＩ（投資収益率）をどう高めるかについては、すべての階層のマネジャーに明快な助言をしなくてはならない。以下では、交渉術研修の二つのタイプを簡単に紹介し、研修の目標と成果の判定法を取り上げ、研修で学んだ中身を末永く活かすための方法を説明する。交渉をウィン・ウィンへと持ち込んで勝利するには、『ここぞ』という局面では、組織から的確な支援が得られる、少なくとも足を引っ張られる恐れはない」という見通しが必要である。研修は、必要な支援を得る可能性を高める一つの方法である。

■交渉術の研修：標準コースかカスタマイズコースか

コンサルティング会社や大学は、政府、民間、ＮＰＯ（非営利組織）を問わずあらゆる分野やセクターの中堅プロフェッショナルを対象に、年に何回も研修コースを開講している。それらコースに参加すべきだろうか。費用に見合う価値はあるだろうか。標準的な研修コースは、給与交渉や購買交渉などさまざまな環境に置かれたあらゆるマネジャーが遭遇しそうな状況を想定して、交渉練習を行うようにできている。機内誌を適当に手に取ってパラパラめくってみるだけで、この種の研修がいかにたくさんあるかがわかるはずだ。

一部のコンサルティング企業や大学では、個別の企業や組織のニーズに合ったコースを提供している。中堅ないし上級マネジャーを対象としたグループ単位の集中コースを実施するのだ。これらカスタマイズコースも、標準コースと同じように交渉の基本的な理論とコンセプトを扱うが、違いは、対象者が頻繁に経験する状況に合わせた練習を行う点にある。

心理学者のクルト・レヴィンは１９５０年代に、大人にとって効果的な3ステップの学習法を提唱した。①分析的な練習によって従来の行動パターンからの脱却を図る、②講義や資料をとおして新しい発想法を学ぶ、③新しい手法が十分に身に付くよう、よく考え、実際に試す機会をいくつも持つ。これはあなたの経験と一致するだろうか？

交渉術の研修は、標準とカスタマイズ、どちらのコースにしろ、たいていレヴィンの提唱した基本モデルに沿っている。まずは二人による簡単な練習をとおして、交渉の巧拙を見極める。次にトレーナーは、二人の練習結果を比べながら、個々の交渉戦略と結果の関係に重点を置いた説明をする。これまでのやり方を捨て去ろうとする段階では、参加者は往々にして、自分のそれまでのやり方の拙さ、特に、目先の利益を追いかけるあまり、長期的な関係性を損なっていることを知って、愕然とする。

このような練習の後、トレーナーが実地の成果を向上させるための主な原則を説明し、交渉手法の転換を促す。続いて行う練習は、さまざまな状況のもと、学んだばかりのコンセプトや理論をしっかり活かす機会となる。従来の交渉手法を捨てるうえでは、時として手探りでの順応が必要になるが、受講者はリスクのない手厚い支援環境のもと、順応について質問するよう求められる。

カスタマイズコースは、標準コースと同じ理論を土台にしながら、個々のグループが抱える課題にふさわしい交渉コンセプトを主に扱う。

■研修の目標

交渉術研修の現実的な目標とはどのようなものだろうか。個人の視点からは、研修は交渉状況を把握する力を伸ばすほか、速やかな成果向上にも役立つ。ただし残念ながら、コミュニケーション、ファシリテーション、異文化理解など、「ソフト・スキル」の研修の例に洩れず、交渉術の研修も、たいていは効果が長続きしない。研修で学んだ内容を実践に活かそうとしない、あるいは継続的なコーチングなど必要な支援が得られない、会社の標準的な業務手順が教わった内容と相容れないといった場合には、その時々の状況に応じて以前のやり方を繰り返してしまう可能性が高い。

組織の観点からは、研修によって自社の交渉力の水準を確かめ、交渉成果を向上させるうえでの障害が何かを摑むことができる。研修を実施すると、準備時間が足りない、拙い交渉成果をうかつにも称えてしまうなど、交渉力の向上を妨げている組織的要因が明らかになる例もある。カスタマイズ研修では、締めくくりにマネジャーの交渉力を高める方法をめぐるディスカッションを行う場合が多く、これが特筆すべき利点である。

■研修成果の測定

理想の世界では、交渉術研修はほぼ例外なく有益なはずである。しかし現実には、カツカツの予算のもと、社員が働きづめであるため、多大な費用のかかる研修は贅沢と受け止められる場合もある。研修で学んだアイデアやツールを活用して組織に付加価値をもたらすことは、どれくらいできるのだろうか。

嘆くべきことに、多くのトレーナーは、研修前後で各受講者の知識レベルがどう変化したかについて、初歩的な評価さえ行わない。評価項目は雰囲気に関するものばかりである。室内は快適だったか。トレーナーの説明スタイルは好感が持てたか。スクリーンはよく見えたか……。これでは、研修成果が定着するかどうかなどとうてい判断できない。たとえトレーナーが、主なコンセプトの理解度を確かめる時間を研修の最後に設けたとしても、研修費用を負担する委託元組織にどれだけの価値がもたらされるかを見極めるのは、いまだ時期尚早である。

しかし幸いにも、交渉術研修の成果を測る斬新な方法を研究者達が考え出した。

■交渉術研修の成果を測る方法

ウィスコンシン大学名誉教授のドナルド・カークパトリックは、研修成果を測るための4段階のフレームワークを考案し、研修成果把握の専門家であるジャック・フィリップスとパトリシア・フィリップスがそれに1段階加えて5段階にした。

レベル1　反応：研修は楽しかったか。役に立ったか。
レベル2　学習：研修で扱ったコンセプトについて、以前よりも理解が深まっているだろうか。
レベル3　応用：研修内容の応用方法がわかっているか。
レベル4　寄与度：事業上、組織上の重要な成果にどれくらい寄与するか。
レベル5　ROI：研修に伴う直接、間接の費用と、研修がもたらす収益の比率はどれくらいか。

以下の状況を想像してほしい。アメリカのある巨大メーカーは、売れ筋である高価な家電製品群の市場シェアが下落しているため、これを何とか食い止めようと苦慮している。市場には安い模倣品が雪崩れ込んでいるのだ。そこでこのメーカーは、カスタマイズした研修プログラムを世界中のセールススタッフに受けさせようと決意する。売上の大半を占めるのは大型小売店であるため、セールス担当者からの「現行価格での契約更新をなかなか勝ち取れずにいる」という報告を踏まえて、研修ではいくつもの模擬交渉を実施する。80人超を対象とした2日間の研修は予定どおりに進み、受講者による研修プログラムへの評価は15点満点の13点だった。自由記入式のコメントからは、受講者がトレーナーの説明は明快だったと評価しており、紹介されたコンセプトの有用性を確かめたいと考えている様子が伝わってきた。

ところが研修の最後の最後になって、上級のセールス担当者が、研修から得られた最大の教訓をもとに、「会社は大手小売店との交渉に際して、臨機応変に条件提示をする裁量を担当者に与える予定があるのか」と尋ねた。セールス担当者は、見込み顧客の関心に打てば響くように対応する必要があった。個々のセールス交渉で成果を上げるには、さまざまな条件を考え出すことが欠かせなかった。ところが、研修のトレーナーはこの質問に直接的な答えを示せなかった。メーカーの幹部は誰一人としてその場におらず、研修の準備をしている最中も、臨機応変な対応を認める権限を持つ人物と接する機会はなかったのである。

このような研修の有用性を測るには、360度評価を行うのも一案だろう。研修前に、オンライン上で質疑に答え、自身の交渉力がどのレベルかを確認するのである。研修後は、自身と他の受講者の進歩度合いを評価するよう、求められる。この結果、まわりからどう評価されているかを各人が知ることになる。多くの受講者は、自分の進歩度合いを測りたい、他の受講者から交渉力をどう評価されているかを知りたい、という思いを強く持っている。もっとも、360度評価を実施しても、レベル2からレベル3へ移行できるとはかぎらない。ましてレベル4への飛躍はありえない。

レベル4、5へ進むには、次項で紹介する3ステップのプロセスを踏むよう提案したい。これを実践すると、研修のROIを把握するためのデータが得られるはずである。ディレクターなど上級マネジャーは、研修が受講者に及ぼす効果だけでなく、組織業績への効果にも注目しなくてはならないのだ。これを忘れてはならない。

■交渉術研修の付加価値を測る方法

交渉術の研修、特にカスタマイズ研修が組織にもたらす価値を評価するには、以下の3ステップに沿うとよい。

学習に身を入れさせる

研修の最初と最後に、受講者にこう伝えよう。「このコースが終了した6～8週間後には、フォローアップのメールがみなさんのもとに届きます。そのメールの指示に従い、研修で紹介した主なアイデアや手法を意識的に使った事例を、少なくとも二つ報告してください」。あらかじめこのように知らせておき、上司からも同じ内容を周知してもらうと、受講者は研修中に、仕事に活かそうとして熱心にスキル習得に努めるという。

進歩度合いを把握する

トレーナーが上述のメールを送り、学んだ内容を実務に活かそうとした事例二つを手短に報告するよう、受講者に求める。併せて、研修成果を実務に活かそうとする努力が、会社のコスト削減や増収にどれくらい寄与するか、推定値を記入してもらう。

結果を報告する

以上の結果すべてを集めて報告書を作成する。そこには各受講者の成果だけでなく、全体としてのコスト削減や財務への好影響を集計して掲載するよう努める。私の知るかぎり、どの事例でも研修コストの少なくとも10倍の価値が報告されている。

まとめ

交渉術研修の価値を見極める

- 標準コースとカスタマイズコース、それぞれの利点を押さえておく
- あらかじめ目標を明確にしておく
- 戦略的な観点から価値を測定する
- 定期的にフォローアップと進歩度合いの確認を行う

研修は、社員と会社、両方にとって素晴らしい投資となり得る。組織全体の交渉力向上に焦点を当てているなら、なおさらである。

優れたコーチングの重要性

企業などの組織は、よく練った研修を実施し、適切なリーダーシップを発揮するだけでなく、

交渉力を高めるうえで必要なフィードバックやコーチングを、交渉に携わる全社員、特に新人や有望社員に提供するためにこ、腰を上げるべきである。

商品マネジャーに昇進したばかりのテリーは、社内でも指折りの交渉巧者であるジョーから手ほどきを受けられると上司から聞き、とても喜んだ。昇進後初の重要な交渉を控えたテリーは、ジョーに会い、顧客対応の秘訣を尋ねた。

「お客様から背を向けられないよう、慎重に。それから、カモにされてはいけない」とジョー。テリーは「はい」と返事をしながら、内心では「それは常識でしょう」とつぶやいた。「落とし所の見つけ方を教えてもらえますか」

「当たり前だが、損になるような取引はすべきではない」

「損益トントンならよいと？」

「いいか。君は自分で数字を弾き出せるはずだ。そのために雇われているのだろう」

テリーは「これが賢明なる交渉アドバイスなの？」と首をひねりながら、ジョーのオフィスを後にした。

ジョーはテリーに自信を付けさせるどころか、逆に不安に陥れてしまった。有益な助言をする代わりに、たわごとを述べたのである。

プロフェッショナル人材の多くは、価値創造、利益の確保、素晴らしい契約のまとめ方などの秘訣を心得ている。ところが、他人の交渉力向上を助けるとなると、できる人は少ない。中には、自分も従わないような無意味なアドバイスをする人もいる。**自分の高い交渉力を支える資質に気づかず、他人にも教えられない人が多い。**

本章の最初のほうで述べたように、誰もが交渉のコーチに向いているわけではない。優れたコーチは貴重な資産であり、あなたの組織にもきっといるはずだ。以下では、交渉のコーチングについて詳述し、コーチに求めるべき最も重要な資質に焦点を当てる。よいコーチと悪いコーチを見分ける方法がわかったなら、自分にとって最良のコーチに目星を付ける準備が整ったといえる。交渉をウィン・ウィンへと持ち込んで大きな果実を手にするには、優れたコーチを見つけることが欠かせない。私達はみな、現実を把握するうえで助けを必要とする。親身になる一方で批判もいとわない人を必要とする。第4章で述べたように、交渉の途上で相手に優先順位の変更や、身内から与えられた使命の見直しを求めようとするなら、それにふさわしい発言をする方法を練習しておくことが重要である。

■交渉術コーチとは何をする人か

同じ組織の人に交渉の上達法を教えることができる人なら、誰でもコーチになれる。コーチングは、1対多よりも1対1で行うのが最も効果的である。「継続的に交渉術のコーチングを施す」と社員に約束する企業は少数であるため、交渉術のコーチングのほとんどは非公式に行われる。最も有益なアドバイスをくれるのは、あなたが何を要望していて、どのような壁にぶち当たっているかを十分に知る人である。あなたの抱える課題を本当に理解するコーチを組織内で探そう。

優れたコーチは、個々の状況で何をすべきかをただ説くだけでなく、スキルの向上を助け、経験から学べるようにしてくれる。交渉理論を熟知しており、何がうまくいき、何がうまくいかないかについて、首尾一貫した説明と予測をしてくれる。有能なコーチは、目標設定のほか、どういった手法を用いて何を調整すればよいかについて、力添えをしてくれる。リハーサルの機会を用意して、終了後は状況把握を助けてくれる。特に、できるコーチは自身の交渉経験に沿ったアドバイスをし、準備の重要性を熱心に説き、熟練を要する新しい手法の練習を助け、最終結果を尋ねる。

■優れたコーチは首尾一貫している

ある会社の副社長、ジェーンは、プロジェクト・マネジャーを対象にした四半期ごとの社内講演会で、交渉についてのプレゼンテーションを行った。その要点は三つある。第一に、交渉の場所、議題、出席者の決定に関して、相手に主導権を取らせてはいけない。第二に、こちらの手の内を明かさずにおくために、最初は高い金額を伝えること。第三に、相手の面目が丸潰れになるまで追い詰めないように。ジェーンが話を終えると、聴き手の一人が、今後予定される交渉への取り組み方針を決めるための助言を求めた。ジェーンは質問者の話を聞いた後、自分の講演内容と大きく食い違うアドバイスをした。講演で示した原則とひどく矛盾する内容を述べたのは、強硬姿勢で交渉に臨むと裏目に出る場合が多いからである。では、そもそもなぜそのような強気の手法を説いたのだろうか。互いの利益を追求する交渉手法を推奨すると、弱腰と見られるとでも思ったのだろうか？

コーチが、自身が実践するのと異なる交渉手法を勧める例は珍しくない。ジェーンの事例のように、矛盾した助言を与えられた人が混乱したとしても、意外ではない。このようなことは、コーチが明快な理論的裏付けなしにアドバイスをした場合に起きる。アドバイスを求められると、誰かから聞きかじったり、機内誌で読んだりした内容をただ繰り返すだけなのだ。**首尾一貫したアドバイスができるのは、効果の実証された理論を信奉し、それを実地に活かしているコーチだけ**である。

理論と実践に食い違いがないか自省するよう、上級マネジャーに進言するのが望ましいのだが、交渉者の言行不一致に対処するために十分なヒト、モノ、カネを割り振る企業は稀である。

矛盾を解消する簡単な方法として、交渉術コーチの人数を一定以下に抑えるとよい。直属の部下に専門的なアドバイスを与えることを、すべての上級マネジャーに期待すべきではない。それよりも、コーチとしての真の適性を備えた一握りの上級マネジャーに当たりを付けて、彼らにアドバイスを仰ぐよう全社に周知すればよい。コーチに適任な上級マネジャーは、自分と他者の強みと弱みを見定めるために、よりどころとする交渉理論を明快に説明できるよう努めるだろう。

忘れてはならないのは、社員は、自分の弱点をさらすと業績査定や給与交渉に不利になりかねないという不安から、直接の上司に交渉術について助言を求めようとしない可能性があることだ。このような事情により、他部門のコーチに力添えを求める社員が多いのである。

■優れたコーチは準備に力を注ぐ

ブライアンは、ここ何回かの交渉で上司であるティムの期待に沿えない結果に終わっている。3件の契約はいずれも、利益率が事業部の予想を下回った。ティムはこれらの契約に署名しながらも、新任の全社購買担当ディレクターが全事業部にコスト削減の大号令をかけているため、自分達も槍玉に挙げられるのではないかと心配している。そこで、ブライアンが次に契約交渉を行う際には、自分が予告なく顔を出して、「よい警官」（人のよい交渉者）であるブライアンに対して、強面で臨む「悪い警官」役を果たそうと決めた。

もうおわかりかもしれないが、ティムはブライアンのコーチ役としていくつもの失敗をしている。大切な交渉の場でブライアンを驚かせると、それでなくても神経質になっている彼を混乱させる可能性がある。しかも、よい警官／悪い警官戦術は、付加価値を創造したり、交渉をウィン・ウィン型に持ち込んで高い成果を上げたりするには、あまり向いているとはいえない。ティムの最大の問題点は、ブライアンの交渉準備を手助けせずにいることである。

交渉術のコーチと学び手との関係がどうあるべきかを見るために、同じ会社の別の状況を考えたい。事業部長のカーメラは、新任の購買担当ディレクターからの指示が、カーメラの取引先の中でも重要なコンサルティング会社のCEO、ナオミとの間近に迫った交渉にどう影響するか、気を揉んでいた。ナオミとはかれこれ10年も仕事上の付き合いがあり、友人と見なしている。ナオミは必ず期限と予算を守っており、カーメラは6年前から契約の再入札をしていない。ところが、現在の購買担当ディレクターはあらゆる契約の再入札を望んでいる。

このジレンマに頭を悩ませるカーメラは、何年ものあいだ有益なアドバイスを与えてくれているCFO（最高財務責任者）に相談する。購買担当ディレクターの要求に応えたいが、そうかといって、「再入札を実施するので契約は更新しないかもしれない」とナオミに告げるのは心苦しい、という葛藤を説明するのだ。CFOは時間をかけてじっくり話を聞いた後、カーメラが優先順位を明確にできるよう、質問を投げかける。他社の利害関心を見極め、ナオミの会社がどうすればコストを削減できるか、考えてみるように。また、もし立場が逆だったら、ナオミから何を期待するか――。

カーメラはCFOとの意見交換をもとに、ナオミにどう接するべきか、そして自分の部下に何を指示すべきか、探り当てた。加えて、（カーメラが提示する選択肢を受けて）ナオミが社内で既存契約について検討しやすいように、どのような言動をすればよいか、五つほどのアイデアを思い付いた。

この事例では、CFOが優れた交渉術コーチの役目を果たしたわけだが、その秘訣は何だろうか。彼はカーメラの話にじっくり耳を傾け、できるかぎり入念に交渉準備をするよう背中を押した。また、ナオミが社内で相談しやすいように、両社の利益になる新しい選択肢を提案するようカーメラに勧めることにより、ウィン・ウィン型の交渉をものにできる可能性を高めたのだ。

■優れたコーチはリハーサルに付き合い、報告を受ける

ダニーは、国内最大手の一角を占める投資会社で事業部長を務め、仕事では必ず結果を出す人物である。彼の事業部は5年連続で業績トップの座を守り、他の地域事業部をはるかに凌ぐ収益性を誇る。ところが組織再編が迫っている。（第2章で取り上げたWSAと同じような）新しい組織形態が導入されると、ダニーは従来の地域マネジャーに加えて、商品マネジャーをも上司に持つことになるだろう。どうすれば、二人の上司を喜ばせ、巨額のボーナスをもらい、なおかつ卓越した業績を上げられるだろうか。彼は相談相手《メンター》のラルフに会うべきだと考えた。ラルフは企業のトップとして常々、極めて有用なアドバイスをくれている。

ダニーはラルフと昼食をとりながら、自分の抱える課題を説明した。「新しい上司とのあいだで業績見込みを交渉しながら、従来の上司と良好な関係を保つには、どうすればよいでしょうか」

ラルフは「即座には答えられない。……じっくり話をしよう」と答える。

二人はまず、新たに上司となる商品マネジャーとダニーとの話し合いをロールプレイした。次に、以前からの上司との会話をリハーサルする。ラルフは、20年近くも「組織再編をめぐる

戦い」の最前線に身を置いてきた経験をもとに、新しい上司と従来の上司、両方の役回りを見事にこなしたばかりか、組織再編についての懸念をもう少し率直に述べてはどうかとダニーを勇気づけた。

ダニーは自信を取り戻して昼食の場を後にした。二人の上司との初回の話し合いはうまく進み、お祝いにラルフとの飲み会を設定した。

成果を祝って乾杯をした後、ラルフはダニーに失敗した点がないか振り返るよう求めた。二人は「もっとこうしたらよかった」という点や、今後の話し合いで使えそうな戦術について話し合った。ラルフは、力添えと批評をバランスよく織り交ぜようと気を配りながら、効果が実証済みの理論をもとにアドバイスをすることにより、交渉力と社内での立場、両方を強められるよう、ダニーを助けた。

■「優れたコーチ」のチェックリスト

交渉術のコーチのよしあしを事前に見極めるには、どこに着目すべきだろうか。優れたコーチの特徴を以下に示す。

□目標を押し付けるのではなく、本人による目標設定を助ける。
□リスクを取って新しい戦術を試すよう背中を押す。
□力添えをしながら、何がなぜうまくいかなかったのかを直視させる。
□本人が経験から教訓を引き出せるよう、質問を投げかける。
□自身の交渉理論や手法に沿ったアドバイスをする。
□自身の交渉の成功例と失敗例を、誠実に、謙虚に伝える。

交渉相手が社内外どちらの人であるにせよ、自身の使命を再考させたり、選択肢や利害を明確にするよう所属組織に求めたりさせるのは、容易ではない。だが、ウィン・ウィン型の交渉を制するには、たいていはこれが求められる。相手にとって悪くなく、自分にとって願ってもない提案を相手に検討させて、より大きな価値を生み出さなくてはならないのだ。以前に紹介した国際協定締結交渉の各国交渉団のように、たとえどのような情報が新たに判明したり、対案が出されたりしても、同じ原稿を繰り返し読み上げるよう指示されていて、工夫を凝らす余地がないなら、価値を生み出すのは難しい。価値を全体として増やさないかぎり、そのかなりの部分を自分達のものにするのは極端に難しい。

私達はみな、このような時に頼れるコーチを必要としている。状況を理解し、こちらの利害関心を汲み取り、批判と支援の両方を寄せてくれるコーチが必要なのだ。交渉相手に働きかけて、相手の身内から当初とは異なる指示を引き出す戦術を試し、その真価を確かめるために。

まとめ

最高のコーチは博識で首尾一貫しており、以下を重視する

- 交渉の準備
- 交渉相手との話し合いのリハーサル
- 経験から教訓を引き出すための手助け

ウィン・ウィン型の交渉に勝つとは、利益配分をめぐる問題をうまくさばくことを意味する。あなたはすでに、厄介な相手や難しい状況に直面していても利益配分が簡単にいくように、六つの戦略を携えている。交渉では毎回、先手を打って速やかに、具体的な条件をめぐる駆け引きへと持ち込むべきだ。それができたら次は、付加価値の創造や妥協の回避に熱心に努め、金星を逃すまいと自分に言い聞かせる必要がある。金星とは、自分の許容最低ラインをはるかに上回り、相手にとっても最低ラインを上回って身内に勝利を宣言できるような条件での、交渉妥結を意味する。

■先手を打ってできるだけ速やかに条件の詰めに入る

たいていの人は、自分の狙いを心得たつもりで交渉に臨む。つまり、目標を持っているのだ。加えて、相手の目標についてもおおよそわかっているつもりでいる。ところが、許容最低ラインを見極めたり引き上げたりするために十分な時間を費やすかというと、そういう人は少ない。交渉相手の最低ラインを推測する、あるいは、「あまりに高い水準に設定されているのではないか」と疑問を投げかける方法を考えることにも、十分な時間をかけない。相手の望みやニーズを丹念に探るのを怠り、自分の当初の要求を繰り返し述べ立て、往々にして「××が得られないと困る」などと誇張を交えながら要求を押し通そうとする人が、あまりにも多い。これでは交渉の余地を見つけ出すのは難しい。

ほとんどの交渉者は、ある時点で以下のように自問して、当初の戦略のままでよいかどうか検討しなくてはならない。「最初の要求を押し通した場合、許容最低ラインよりも望ましい結果を得られるだろうか」「相手の最も重要そうな利害関心を満たす方法を見つけなくても、何らかの合意を引き出せるだろうか」。交渉者の多くは当初の要求内容に縛られ、弾力的に変えることができない。

他方、傑出した交渉者は、的を射た質問を相手に投げかけ、その返事に応じて目標や戦略を改める。何よりも、彼らは「臨機応変に対応できる」という自信を持っている。

柔軟性の乏しさは多くの場合、「最初の要求を取り下げたら、相手から弱腰と見られるだろう」という誤った懸念に根差している。しかし、相手に受け入れられる可能性のない要求にこだわるのは、合理的とはいえない。一部には、相手から「そんな要求には応じられません」と言われると、「ハッタリだ」と自分に言い聞かせる人もいる。こうして、最初の要求をひたすら繰り返すのだ。あるいは、交渉に臨む前に身内に無理な約束をしてしまい、二進《にっち》も三進《さっち》も行かなくなっているか、臨機応変に対応する権限を与えられていないのかもしれない。交渉の余地を広げるには、機転、的を射た問いかけをする能力、そして、状況に応じた柔軟な対応を支える身内の存在が欠かせない。

タイミングについても無頓着な人が多い。最初はあえて過度に強気な要求を示して少しずつ譲歩していき、最終的には許容最低ラインを上回る条件での合意にこぎつけよう、というのである。これが強気で押す戦略の趣旨である。残念ながら、このやり方は裏目に出かねない。場合によっては、交渉開始早々からとんでもない要求を突き付けられた相手が、侮辱されたと感じ、席を蹴って退出するかもしれない。次の会合での譲歩を待たずに「交渉の余地はない」と判断して、交渉を打ち切ってしまうのだ。一方が少しずつ譲歩すればよいと目論んでも、他方は即座に「合意は不可能」と見切りをつけるかもしれないわけである。

交渉に携わる全員が、自分達の優先順位や利害関心を隠し立てする意図を最初からいっさい持たず、どのような交換条件を考慮する用意があるか、それはなぜかを率直に明かすことに抵抗がなければ、速やかに具体的な条件の詰めに入れるだろう。にもかかわらず、合意の余地はないと判明する可能性はある。それは悪い知らせとはかぎらない。無益な話し合いをせずに済むからである。実際、経験豊かな交渉者は、ハッタリや競り合いに無駄に時間を使ったりしない。できるだけ早く条件の詰めに持ち込むか、さもなければ見切りをつけて次の交渉案件に努力を振り向けるのだ。

どのような場合でも、**それぞれの許容最低ラインとBATNAによって交渉の余地は決まる。**例えば、私が相手のライバルからの提案をポケットに忍ばせて交渉に臨んだら、それが私にとってのBATNAである。より望ましい提案が示されないなら、私は交渉を打ち切るだろう。他方、交渉打ち切りの条件を見通しにくい場合もある。仮に私がセールス担当者で、見込み客から値引きを強く求められているとしよう。もし、値引きを求めない購入者がすぐに現れて毎月の売上ノルマを達成できるかどうかわからないなら、交渉を打ち切るべきかどうかはっきりしない。

どちらの状況においても、互いのBATNA――あるいは現実的な許容最低ライン――の隔たりが交渉の余地をもたらす。交渉の余地が大きいと、おのおのがその端の部分、つまり自分にとってコストが最小で利益が最大になる領域に陣取ろうとする。

交渉の余地があるとはつまり、条件の詰めに臨むということである。交渉の余地は具体的な条件の範囲を指す一方、交渉者の心の持ち方をも意味する。交渉の余地が生まれるのは、「合意に達するだろう」という楽観があるからだ。自分の側に都合のよい理屈を並べるだけでなく、

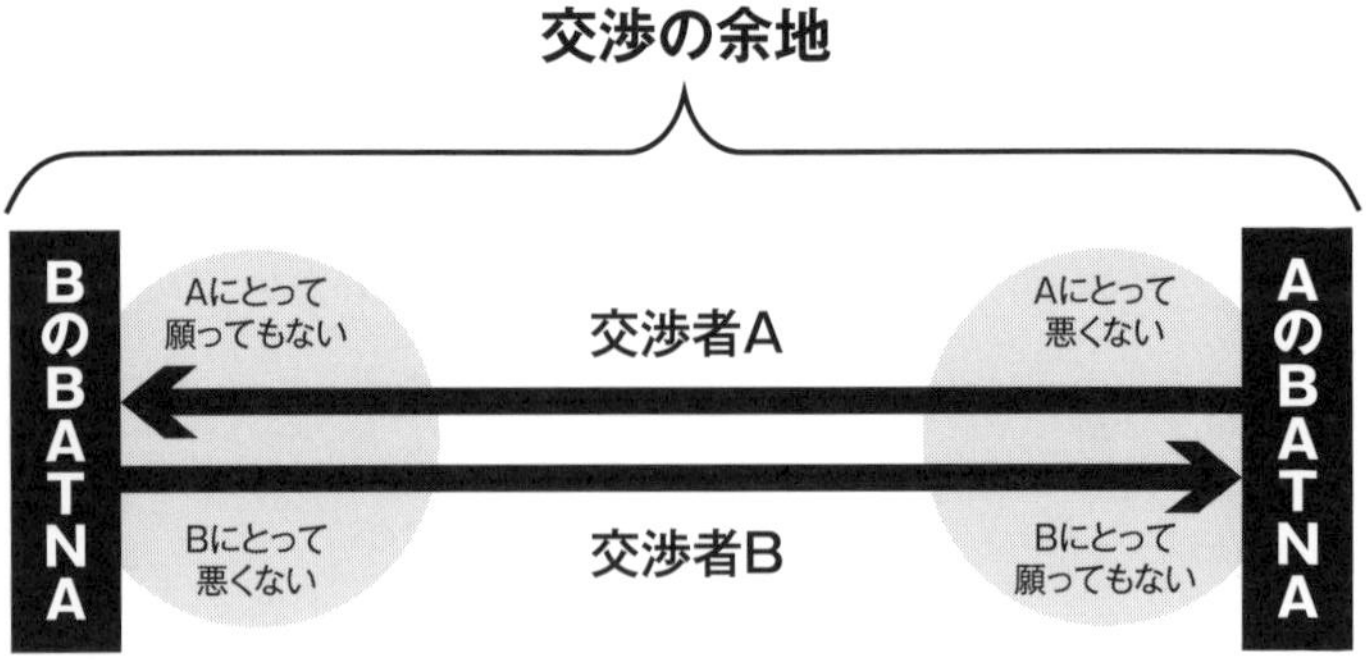

建設的な問いを投げかけて互いの利害関心を探れば、交渉の余地を見つけ出せるだろう。しかし、当初の要求をひたすら繰り返して自分の都合ばかりを述べたのでは、暗礁に乗り上げる可能性が高い。

これを図解すると上のようになる。

交渉の余地がどこにあるかを見極めるには、「もしこちらがXを提供したら、Yを差し出してもらえますか」といった条件付きの質問をするとよい。この種の交換条件付きの質問は――いくつも提示した場合は特に――交渉の余地をあぶり出すのに役立つ。

■付加価値の創造に熱心に取り組む

以下の事例を考えたい。巨大企業マンモス社は新たな事業領域への進出を望んでいるが、その事業領域は小粒なライバル企業タイニー社の勢力下にある。このためマンモスはタイニーを買収して、新規市場で順風満帆に事業展開する腹づもりである。両社のリーダーが買収をめぐって会談する。どちらも事前準備を済ませ、適正と見なす価格とその算定根拠のデータを携えている。マンモスは「その気になれば御社を市場から駆逐することもできるのだから、買収価格は低めにすべきでしょう」と述べて、意図的に低い価格を提示する。対するタイニーは、他にも買収を希望する企業があり、マンモスよりもはるかに高い金額を提示している、と反論する。この真偽のほどはわからないが、タイニーは驚くほどの高額を突き付ける。交渉は行き詰まり、休憩を挟むことになった。

休憩時間に状況は急展開する。マンモスの交渉担当者は、タイニーが製品ラインの変更を検討しており、それはマンモスにとっては想像もつかなかった変更であるため、すぐには模倣できそうもないことを知る。突如として、買収よりも提携のほうが有意義である可能性が浮上したのだ。提携すれば、マンモスはタイニーの知識や評判を活かすことができる。タイニーはマンモスとの競合を避けながら、提携の適正な対価を享受できるだろう。そうすれば、新しい製品ラインの導入に必要な設備投資に耐えられる（これまで資金調達に苦慮してきた）。両社が手を組めば、おのおのが単独で動く場合と比べて、マンモスの旧来製品とタイニーの新製品をより効果的に市場に投入できる。マーケティングや流通のコストも分かち合える。詳細についてはさらに検討すべき点が少なくないが、買収よりも提携のほうが旨味が大きいと考えられる。

この事例で**交渉の余地が生まれたタイミング**に気づいただろうか。両社が①互いの利害は対立ではなく連動している、②価格をめぐって徹底抗戦すると関係が悪化して協調が難しくなるため、これを避けたほうが互いに得である、③交渉を始めるまでどちらも想像していなかったような選択肢が浮上してきた、という3点をもとに、**付加価値を創造するチャンス**に目を留めた時点で、交渉の余地が生まれたのである。要するに、おのおのの交渉者が臨機応変な対応をする裁量を持っていたため、「互いの利益になる取引をまとめられる」と明るい展望を抱くことができたのだ。提携という選択肢を掘り下げれば、条件面での落とし所がはっきり見えてくるだろう。

■事前準備をしていない、あるいは合理的な取引をまとめる権限がない場合

「もし○○なら××ですか」という条件付きの質問を交わさなければ、付加価値を生み出すことも、交渉の余地を探ることも、難しい。交渉の事前準備を怠ると、このような事態を招きかねない。相手にどのような要求をするかという当初案しか準備せず、自分や所属組織の利害関心について慎重に考慮しなかったような場合である。あるいは、交渉担当者の権限が厳しく制限されていて、さまざまな選択肢を探る、あるいは状況を見て臨機応変に判断を下す、といっ

た裁量がない場合もあり得る。

このような問題を抱えた典型例として私が知るのは、国際条約の締結交渉に臨む国別代表の事例である。各国の代表者は、何カ月もかけて国内のさまざまな政治家や政治団体などと協議して、来たるべき交渉でどのような発言をするかを明確にする。多国間交渉へ向けて出発するまでには、何に重点を置くか、何については譲歩してもよいか、決めておかなくてはならない。そして、いざ広い議場で他国の代表者とともにテーブルを囲むようにして席に就いた後は、母国を出発する前に承認を受けた原稿を読み上げるのだ。この公式声明が他の数々の代表者の発言内容を無視したものであっても問題ない。用意した声明を読み上げる権限しかないのだから。そして、そのとおりに粛々と会議は進んでいく。どの代表者も主に自国民を意識している。原稿と違う内容を少しでもしゃべろうものなら、国に呼び戻されて懲罰を受けるだろう。

昼間の会議を終えて、出席者達がバーで雑談を交わしてみんながオフレコで発言できる状況になると、協定案が話題に上り、交渉の余地を見つけ出す可能性が開かれる。数週間に及ぶ公式協議の締めくくりには一般に、議長から協定案の修正版が配られる。その中身は、各国の代表者が出発前におびただしい時間をかけて検討したものとは、大きく異なる可能性もある。修正版はたいてい、土壇場での交渉を受けてまとめられ、もっぱら議長の功績とされる。各国の代表者はほとんどの場合、事前に自国で承認を受けた以外の内容を提案する権限を持たないからだ。彼らが、会議での冒頭発言や自国の立場を事前に検討する際によりどころにできるのは、残念ながら当初の協定案だけである。降って湧いたように修正版が出されると、おのおの自国の政治リーダー、政府機関、要人などに電話でお伺いを立てなくてはならない。各国は後がない状況のもと、議長が大詰めの段階になって提示した協定案を支持するかどうか、決断を迫られる。出席者はみな、数時間後のフライトで帰途に就く予定であるため、さらなる話し合いや交渉は不可能である。

事前準備を怠ったダメな交渉者や、機転や融通を利かせる権限を与えられなかった気の毒な交渉者について、考えてみよう。このような人達は、非公式の交渉に加わることができないため、最終結果に何の影響も及ぼさなかった。ただ当初の要望を繰り返すほかなかったのである。理想を言えば、交渉者は自国にとって最も重要な利害が何か、そして、それを満たす数々の方法のうちどれが好ましいか、知っている必要がある。加えて、最初に何を述べるか、どのような選択肢を考案してよいか、どのような条件や提案なら支持して構わないか、明快な指示を与えられていることが欠かせない。交渉者は最後の最後まで、あらゆる可能性を探れる立場であるべきなのだ。議長が協定の最終案を固めたら、各交渉者は「イエス」「ノー」の意思表示をするだけである。この時点では、「最も重要な利害は守られるはずだ」と身内に請け合わなくてはならない。

■妥協を避ける

私は交渉について語る時、「妥協や譲歩を話題にするつもりはない」ときっぱり告げる方針である。交渉の余地があるかどうか、その範囲はどれくらいかを見極めるには、条件を探るしかない。これをうまく行うには、最初に強気の要求を相手に突き付けてから妥協していくやり方を避けて、**「もし〜なら」という条件付きの質問を次々と投げかける**のが唯一の方法である。

決裂したほうがましな条件なら、合意など決してすべきではない。「妥協」という言葉からは、このような状況、つまり、およそ望ましくない取引が想像される。合意に達しさえすればよいと考えて、双方とも許容最低ラインを下回る条件を受け入れてしまうのは、決して得策ではない。私にとって「妥協」とは、BATNAより不利な条件を飲むことを意味する。合意に至らなかったらどうなるのか予測しにくいため、決裂を避けて、とにかく合意しようとする場合があるのはわかる。どの時点で交渉を切り上げるかを最初にはっきりさせておかないと、このような不本意な結果になってしまう。また、交渉者自身の心づもりと組織から与えられた使命とのあいだにズレがあると、どうしてよいか戸惑う場合が多い。例えば、長らく国を代表して交渉に当たる立場にあった人物が、引退を間近に控えて、長年の努力を示すために、たとえ満足のいく内容でなくても何とか合意をまとめたいと考えるかもしれない。彼は、自分の思いを叶えるために、国や所属組織の目にはパッとしないと映る条件を受け入れるべきだろうか？

どのような状況になったら交渉を打ち切るべきかがよくわからないまま、交渉に臨む人もいる。事前準備をしていないか、必要な情報を組織から提供されていないのだろう。議論を重ねて交渉が進展するにつれて、それを割ったら交渉を打ち切るつもりでいた許容最低ラインは、実は適切でないと気づく可能性がある。そして、交渉に参加していない人からは「弱腰」と受け止められるような妥協をするかもしれない。それでも私は、最適だと考える許容最低ラインを下回る条件での合意は受け入れるべきではない、という持論を曲げるつもりはない。場合によっては、交渉を中断して許容最低ラインを再検討したり、他の撤退戦略を考え始めたりする必要があるかもしれない。

撤退すべきかどうか判断がつかない例もあるだろう。「この時点で合意しなかったら、今後どうなるかわからない。物別れになるよりは、この条件で合意したほうがよいのではないか」というわけである。あるいは、思っていたよりも格段に不利な条件を飲んでしまう例もあるかもしれない。にもかかわらず私は、自分達の側にとって物別れよりも弊害の大きい条件に、そうとわかったうえで同意することは、決してすべきではないと考えている。交渉相手を励ましたり、歓心を買ったりするために、旨味の小さい合意を受け入れるなど、もってのほかである。

「せっかく時間と労力を費やしたのだから」という理由だけで妥協することも、絶対に避けるべきだろう。合意するからには、結果が自分達の側にとってどういう意味を持つか、しっかり見極めるべきである。加えて、プレッシャーに負けたり、不公平な条件を受け入れてしまったりしたのでは、相手と良好な関係、とりわけ信頼関係を築くのは不可能である。むしろ、**交渉の当事者すべてが筋の通った考え方と行動を取ってこそ、その副産物として良好な関係が培われる**のだ。ロジャー・フィッシャー、ウィリアム・ユーリー、ブルース・パットンが『ハーバード流交渉術』で見事に説明しているように、相手と良好な関係を築きたいがために自分達の利益を投げ出すのは、避けるべき行いである。そんなことをすれば、以後も相手から、同じような自滅的行動を期待されるだけだろう。

交渉を早く終わらせようと焦る人々もいる。プロローグで紹介した、別荘購入の交渉事例を覚えているだろうか。私はあの時、もっともだと思える条件の概要が見えてくると、性急に話をまとめようとした。購入機会を逃して妻を落胆させるのがいやだったからだが、粘ればおそらくもっと安く買えただろう。双方がぎりぎり飲めるような低条件であるなど、最適ではない合意に到達するのは妙案とはいえない。たとえ当事者のどちらか一方だけが過大な努力をするのが負うことになったとしても、できるかぎり大きな付加価値を生むために精一杯の努力をするのが望ましい。付加価値を生み出す可能性や合意条件をすべて洗い出して検討すべきなのだ。

■願ってもない最高の成果を狙う

価値や利益の配分を決める段になったら、協調に代わって競争が始まる。これは致し方ない。とはいえ朗報もある。ひとたび交渉の余地を生み出して条件の詰めに入ったなら、決裂は避けられ、前向きな結果が約束されたも同然なのだ。問題は、**付加価値を分け合う方法をどう見つけるか**である。

熾烈な奪い合いになると禍根を残すだろう。競争に徹してしまうと、長年の付き合いにさえヒビが入りかねない。他方、価値や利益の分配について話し合いを始めたら、緊張関係は避けようがない。交渉の専門家の多くは、当事者どうしの直接的な話し合いを推奨している。私も賛成だが、それだけでは足りない。根拠のある分け方を提案して、説得力ある議論をすることが、勝利へのカギである。ところが、どちらか一方が前例をいくつか持ち出して、折半が最も合理的だと主張する可能性がある。他方の側は、自分達が最も多くの資本、アイデア、人脈などを提供したのだから、その貢献に見合った分け前をもらうのが当然だと反論するだろう。双方とも、感情を交えない事実にもとづく理屈を強調するから、第三者からはもっともだと受け止められるだろう。しかし、だからといって問題が解決するわけではない。利益の分け方につ

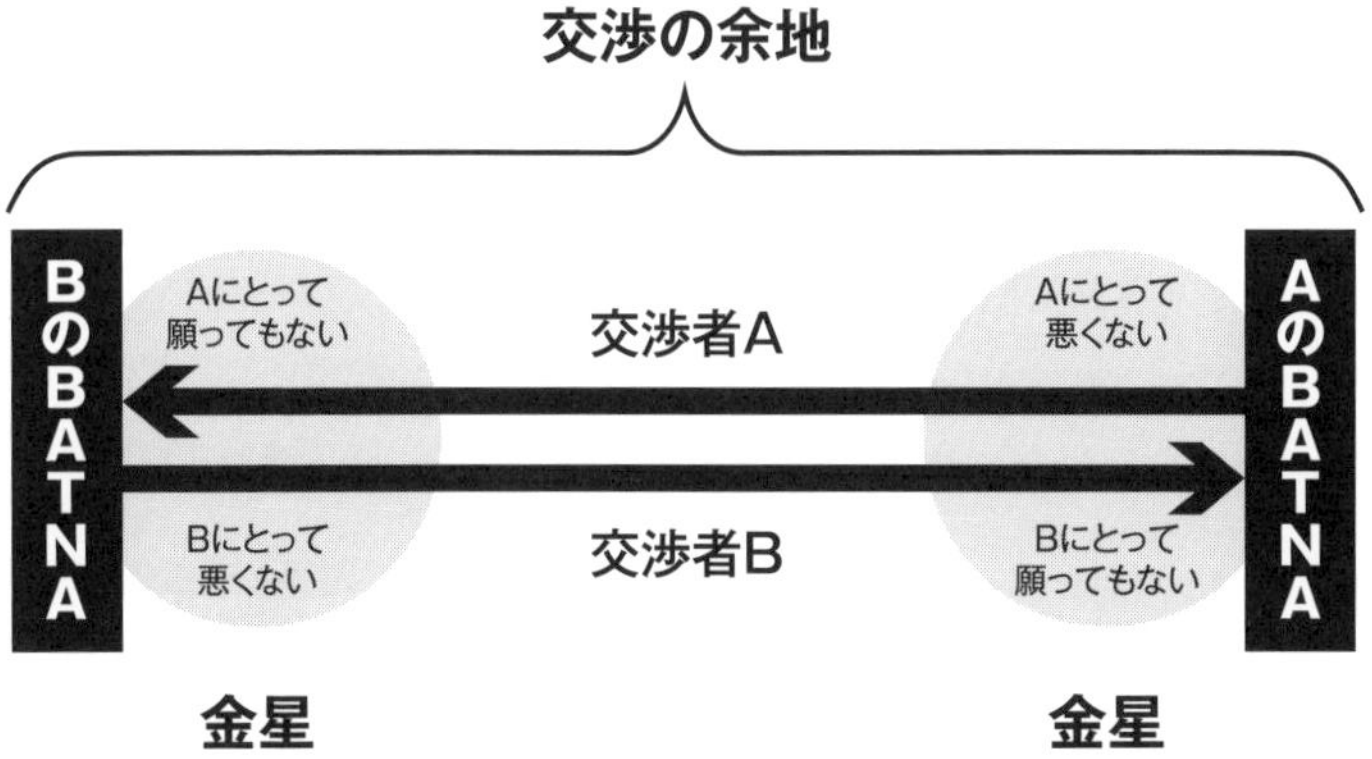

いては正解など存在しないのである。

自分達の主張を正当化するには、相手のために「勝利宣言」を書けるようでなくてはならない。相手が身内に対して利益の分け前について堂々と説明できるよう、お膳立てする必要がある。つまり、相手が身内の期待に応えられるよう、力添えをすることが欠かせないのだ。

交渉の余地の図解をもう一度見てみよう。

双方の金星の位置に着目してほしい。一つはAのほうに得、もう一つはBのほうに得である。当然、自分達にとって得な金星を手に入れるべきだろう。私が見たところ、これは分析よりもむしろ心理的な問題である。「これでよい」と自分自身を納得させることができるだろうか。どうすれば、「この分け方に決めよう」と迷いなく決められるだろうか。交渉相手に許容最低ラインを上回る利益をもたらそうとして、最大限の付加価値を生むために懸命に努力するなど、あらゆる手を尽くしたと思えるなら、そして、相手のために身内に示す勝利宣言を書くことができるなら、遠慮なく金星を取りにいってよいはずである。私の同僚ボブ・モヌーキンはこれを、相手への共感と決然とした姿勢のバランスの問題だとしている。相手に共感しすぎて決然とした姿勢を取れないなら、金星は獲得できないだろう。決然としすぎて共感が不足したなら、交渉を成立させることはできないはずだ。

交渉相手には、身内に対して面目が立つよう花を持たせなくてはならない。そのストーリーを描くのはこちらの責任である。互いの利益を目指すウィン・ウィン型の交渉手法では、相手への共感や、自分の側の利益を追求しながら協調して価値を創造する姿勢が求められるが、勝利を手にするには、決然とした態度で自分達の取り分を要求することも欠かせない。

ウィン・ウィン型交渉のキモは、友達づくりではなく、素晴らしい取引を成立させ、相手との関係を維持または改善し、自分達の評判を高めることである。本書で紹介した六つの原則は、たとえ困難極まりない状況でも、人間関係を良好に保ったまま、以上述べてきたことを実現するのに役に立つはずである。

謝辞

本書の中身の一部は、ハーバード・ロースクールの交渉学講座が月次で発行するニュースレター、『ネゴシエーション』を初出とする。『ネゴシエーション』の編集者ケイティ・ションクには、初出時に原稿を編集する労を取ってもらった。ここに厚く感謝するしだいである。コンセンサス・ビルディング・インスティチュート（CBI）のキャリ・ヒュレットには、本書の草稿を見事な手腕で整理、編集してくれたことに謝意を示したい。私の代理人であるレヴィン－グリーンバーグ・カンパニーのジム・レヴィンは、本書を世に出すための段取りを整えてくれた。ありがとう、ジム。パブリック・アフェアーズのジョン・マヘニーは、編集上の貴重なアドバイスと根気強い助力を与えてくれた。パブリック・アフェアーズとペルセウスの関係諸氏による力添えに深謝する。

ハーバード・ロースクールの交渉学講座からは、以下の文献を抜粋して、修正のうえ転載する許諾を得た。ここに記して厚く感謝するしだいである。

Achieve a Decision That Is Closer to Unanimous," May 2005
"Full Engagement: Learning the Most from Negotiation Simulations: How to Acquire Real Negotiating Skill—without Risking Real Consequences," August 2005
"Negotiating with Regulators: Securing Licenses and Permits Can Be Daunting. Here's How to Improve Your Odds of Success," November 2005
"Negotiating with a 900-pound Gorilla: Faced with Taking the Other Side's Offer or Being Squeezed out of the Market? Here's How to Expand Your Options," February 2006
"What's Special About Technology Negotiations: High-Tech Negotiations Present Particular Challenges. Here Are Three Steps to Take to Surmount Them," May 2006
"Negotiating for Continuous Improvement: How to Help Your Managers—and Your Company—Learn from Each Negotiating Experience," June 2006
"Bring Talks Back on Track with Facilitation. When Tempers Flare and Anarchy Threatens, an Outside Expert Can Increase the Productivity of Group Negotiations," September 2006
"Think Fast! Expect the Unexpected at the Bargaining Table. Practice the Element of Surprise-and Turn Moments of Panic into Opportunities for Value Creation," November 2006
"Find More Value at the Bargaining Table. Many Professionals Are Too Quick to Give Up the Search for Better Outcomes for All Sides. Improve Your Deal's Quality by Mastering These Four Value-Creating Moves," February 2007
"Finding a Good Negotiation Coach. Not All Successful Negotiators Are Cut Out to Be Coaches. Here's How to Select the Right Person to Help You Improve Your Bargaining Skills," August 2007
"How to Negotiate When Values are at Stake. Negotiators Are Accustomed to Focusing on Interests. But to Resolve an Entrenched Dispute Over Differences in Values and Beliefs, You'll Need a New Set of Tools," October 2010

"When an Angry Public Wants to Be Heard: Approaching Crisis Communications as a Negotiation Rather Than as Damage Control May Save the Day," November 2003
"First, Find the Facts: When Negotiators Are Squaring Off over a Contentious Issue, Joint Fact-Finding Can Get Talks off to the Right Start," December 2003
"Winning and Blocking Coalitions: Bring Both to a Crowded Table: In a Multiparty Negotiation, You Need a Good Offense to Forward Your Interests and a Good Defense to Thwart Others' Aggressive Moves. Coalitions Can Provide Both," January 2004
"When You Shouldn't Go It Alone: Recognizing When You're in Over Your Head and Need an Agent Can Help You Come Out on Top in a Negotiation," March 2004
"Divided, You'll Fall: Managing Conflict within the Ranks: Flatter, Matrixed Organizations Require an Integrated Approach to Managing Conflict," June 2004
"Negotiation Training: Are You Getting Your Money's Worth? Companies Can Send Employees to the Best Courses Yet Still Not See Positive Results. Here's Why This Happens—and How to Fix It," August 2004
"What Gets Lost in Translation: Even When Negotiators on Both Sides of the Table Speak a Common Language, Different Cultural Expectations Can Prevent Messages from Getting Through. But with the Right Strategies, You Can Surmount Cross-Cultural Barriers in Negotiation," September 2004
Stubborn or Irrational? How to Cope with a Difficult Negotiating Partner. The Trading Zone, Harvard Negotiation Newsletter, Vol. 7, No. 12, Dec 2004
"Don't Like Surprises? Hedge Your Bets with Contingent Agreements: No One Can Predict the Future. But You Can Protect Your Accord by Using Contingent Agreements That Anticipate Potential Changes," January 2005
"Handle with Care: Negotiating Strategic Alliances: How to Adjust Your Approach When Bargaining with a Partner Who's Key to Your Strategy," April 2005
"Breaking Robert's Rules: Consensus-Building Techniques for Group Decision Making: Deciding by Majority Rule Puts a Premium on 'Winning' Rather Than on Producing the Best Possible Outcome for Everyone. An Alternative Approach Can

[著者]
ローレンス・サスキンド(Lawrence Susskind)
ハーバード・ロースクール交渉学講座(Program on Negotiation: PON)の共同創設者、MIT教授。MITでは40年以上にわたって教鞭をとってきた。交渉学の研究と同時に、土地や水利権をめぐる紛争の仲裁、政府・規制当局と難しい交渉をしなければならない50を超える企業へのアドバイスなど、実務面でも多くの交渉経験をもつ。高度な交渉トレーニングを提供し、全世界で3万人を超える交渉のプロを育てた。イスラエル、アイルランド、フィリピンの最高裁のアドバイザー経験もある。交渉の実践者、仲裁者、研究者と三拍子揃った、交渉学の第一人者。

[訳者]
有賀裕子(あるが・ゆうこ)
東京大学法学部卒。ロンドン・ビジネススクール経営学修士(MBA)。通信会社勤務の後、翻訳に携わる。訳書に『貫徹の志　トーマス・ワトソン・シニア』『GMとともに』『ブルー・オーシャン戦略』(以上ダイヤモンド社)、『トレードオフ』(プレジデント社)他多数。

ハーバード×MIT流
世界最強の交渉術
――信頼関係を壊さずに最大の成果を得る6原則

2015年1月22日　第1刷発行

著　者――ローレンス・サスキンド
訳　者――有賀裕子
発行所――ダイヤモンド社
〒150-8409　東京都渋谷区神宮前6-12-17
http://www.diamond.co.jp/
電話／03·5778·7232(編集)　03·5778·7240(販売)
装丁――長坂勇司(ナガサカデザイン)
製作進行――ダイヤモンド・グラフィック社
印刷――慶昌堂印刷
製本――本間製本
編集担当――佐藤和子

ISBN 978-4-478-02750-9

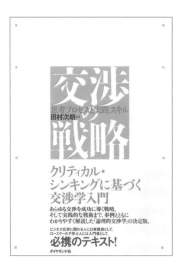